徹底反復研究会叢書 ❶ こんなときどうする？

日々の指導に生かす「徹底反復」

著　徹底反復研究会 中国支部
監修　陰山英男

中村堂

「徹底反復研究会叢書」発刊にあたって

　私が学級担任をしていたとき、日々さまざまな実践をしてきました。漢字や計算のみならず、社会や理科、音楽や体育まで、いろいろなことにチャレンジしてきました。そうした実践の中で、ある一定のコツのようなものをどの実践にもエッセンスで入れることによって、非常に大きな教育効果が得られるようになってきました。

　そのコツとは。
　「決められたことを単純な方法で、徹底的に反復する」－そのことに尽きたのです。
　やるべきことは限られているので多くはありません。やるべき基本的なことを徹底的に反復させます。その学習が定着してくると、その瞬間から子どもたちは私の予想を超えて伸びていきました。そして、子どもたちが主体的に学ぶように変わっていきました。

　一方、反復の重要性はどんな場面でも強調されていますが、実際には2、3回繰り返されるだけで終わってしまい、徹底的にやりきるまではなされていませんでした。反復を徹底的に行うことは意外とやられていなかったため、子どもの劇的な成長が極めて限定的なレベルまでしか見られなかったのです。そのため、子どもの成長は、私が徹底反復の指導によって見た劇的な成長ではなく、一般的に言われる、「子どもレベルのもの」と軽く見られるようになってしまったのです。

　言いたいことは一つ。反復ではない。"徹底"反復なのです。

　私が徹底反復学習を実践してきた以降、多くの教師によってさまざまな場面で応用され、多くの子どもの成長を生み出してきました。
　私は、徹底反復の指導の具体を明らかにすることによって、新しい時代の新しい可能性を、その実践の中から提案していきたいと思うようになりました。

　そしてこのたび、私が代表を務める、まさしく、この徹底反復学習を日々の教育実践に取り入れ活動している研究団体、「徹底反復研究会」に所属している教師たちが、新しい可能性につながる実践を書籍にまとめ、シリーズとして発刊する運びとなりました。
　一つ一つの実践の中に貫かれる徹底反復の哲学。多くの方がこの本からそれを学んでいただけることを願っています。

2014年4月1日　徹底反復研究会代表　陰山英男

はじめに

　日本全国津々浦々の学校で、研究授業が行われています。そこでは、教材研究の手法や、教師の発問などが俎上に載せられ、侃々諤々と議論が交わされます。やがて熱い議論の中、大変強い力をもつ意見が登場します。それは、「やっぱり、日々の指導ですね」「日常の姿が現れますね」などの意味の言葉です。これは、「いくら素晴らしい授業を企図しても、肝心の子どもが育ってはいないではないか」という否定的な意味として、あるいは「これまでの毎日の指導があったからこそ、本時の授業が可能となった」という賞賛の意味としても使われる意見です。しかし、多くは前者のことが多いようです。事前に先輩教師や講師の先生の助言を受け、何度も練り直した授業でも、子どもたちの反応が薄く、思考が深まらず、活動も活発でない…。そんな研究授業の後、「それができれば苦労しないのですが…」「どうやったら生き生きと活動する子どもたちになるのだろう…」という授業者の心の叫びが聞こえてくる気がします。

　考えてみてください。年間1000時間を越える日常の授業に対して研究授業は数時間。どちらが、より子どもたちに影響を与えるかは自明です。やはり「日常の授業」をおろそかにするわけにはいきません。研究授業の準備に追われて日常の授業がおろそかになるなど本末転倒です。（研究授業を否定するつもりはありません。提案性のある学びを得た授業も、数多く拝見してきました）日常授業で子どもたちを鍛える方法については、ぜひ、『徹底反復で子どもを伸ばす-徹底反復研究会実践集（日本標準刊）』をご覧ください。

　そしてもう一つ、忘れてはいけない視点があります。それが「日常生活」です。子どもたちが登校してから下校するまで、高学年なら約8時間あります。そのうち、授業時間は45分×6＝270分（4時間30分）です。それ以外の時間、つまり、学校生活の4割強は授業時間外ということになります。そこには、朝の会や休憩時間、給食に掃除と、実にさまざま

な活動が存在します。私たちは、この大きな割合を占める時間も「日常指導」の重要な指導ポイントであると考えています。

　私たち徹底反復研究会中国支部は、広島県福山市において毎週金曜日の夜に例会を開き、日々の実践について交流し、議論を重ねてきました。その過程で「授業時間外の日常指導」の部分について、それぞれの仲間の実践を一つにまとめようという声があがり、本書を上梓することとなりました。タイトルは、「日々の指導に生かす『徹底反復』」です。普段、スポットライトの当たらない、まさに日常指導の場面です。仲間の実践はそれぞれに個性があり、原稿の検討会議は大変刺激的で、多くの学びを得ることができました。

　第1章は「学級担任の1日」です。登校から下校まで、毎日毎日繰り返す時間についてまとめました。第2章は「学級経営」です。プリント配布や机の配置など大きなウエイトは占めないまでも、学級の子どもを育てるうえで軽視できない学級経営上のポイントについて記述しました。第3章では、学校行事についても掲載しています。それぞれの行事のねらいは当然ありますが、それだけではないはずです。その行事をとおして個々の児童を育てていくことが大切です。それぞれの場面においての徹底反復学習とは何かをイメージしながらお読みいただければ幸いです。

　この本を手にしてくださった全ての先生と、その教室の子どもたちのチカラになることを祈念して。

2014年3月1日
徹底反復研究会副代表兼中国支部長　山根僚介

こんなときどうする？　日々の指導に生かす「徹底反復」●目次

「徹底反復研究会叢書」発刊にあたって……3
はじめに……4

第1章
学級担任の1日に「徹底反復」　9

登校……10
朝休憩……14
朝の会……18
5分休憩……22
中休み……26
給食準備……30
給食の後片づけ……34
昼休憩……38
掃除……42
帰りの会……46
下校……50

第2章
学級経営に生かす「徹底反復」　55

当番活動……56
係活動……60
掲示……64
机の配置……68
宿題提出……72
忘れ物……76
席替え……80
ロッカーの荷物……84

連絡帳……88
健康観察……92
返事……96
姿勢……100
あいさつ……104
いす入れ……108
「お願いします。ありがとうございました」……112
拍手……116
みだしなみ……120
教室移動……124
「ただいま」「おかえり」……128
プリント配布……132
１年生の補助……136

第3章
行事に生かす「徹底反復」 141

始業式・入学式・就任式……142
遠足……146
全校集会……150
避難訓練……154
修学旅行……158
運動会……162
学習発表会……166
音楽発表会……170
マラソン大会……174
児童会選挙……178
６年生を送る会……182
卒業式……186

あとがき……190

第1章

学級担任の1日に「徹底反復」

第1章　学級担任の1日に「徹底反復」
登 校

1　成長は朝から始まっている

　「おはようございます！」日本全国津々浦々で子どもたちの元気な声が響きます。朝のあいさつは気持ちのよいものですね。全然知らない通りすがりの小学生が、自分から「おはようございます！」とあいさつしてお辞儀してくれたなら、間違いなくうれしくなります。きっとその日は素晴らしい1日になります。

　反面、こちらからあいさつしてもうつむき加減で黙って通り過ぎる子どももいます。中にはあえてあいさつを避けるために、こちらに気づかないふりをして通り過ぎる子さえいます。このような姿を見ると、暗澹たる気持ちになります。

　この違いはどこから来るのでしょうか。それは、【あいさつをすると気持ちいい！】という体験をたくさん積んでいるかどうか、そして【あいさつを自分からしっかりしよう！】という心が育まれているかどうかだと思います。だからこそ、学校生活ではあいさつの指導を繰り返し行い、子どもたちの心を耕していくのです。（あいさつについては、104ページ参照）そして登校時に考えるべきはあいさつだけではありません。実にさまざまなポイントがあります。成長のチャンスはこの登校時にもあることを自覚させ、毎朝の成長を確実なものにしていきましょう。

2　自らを磨く

　登校にはさまざまなポイントがあると述べました。例えば、
①家を出るときに「行ってきます！」と元気よく言う。
②集合指定時刻までに登校班の集合場所へ行く。

③ご近所の方にあいさつをする。
④見守り隊の地域の方にあいさつをする。世間話ができる。
⑤道路を渡るときに車が止まってくれたのなら、小走りに渡り終え、車に向かってお辞儀をしてお礼を言う。
⑥途中で出会う全ての方に「おはようございます！」とはっきりあいさつする。
⑦登校班では下級生の安全に気を配りながら登校できる。
⑧同じく、上級生の指示を素直に聞くことができる。
⑨右側を一列に歩き、狭い道ですれ違うときには端に寄って立ち止まる。
⑩学校に着いたら見守り隊の方にお礼を言う。
⑪登校指導をしている先生に自分からあいさつをする。
　などです。
　しかし、実際はどうでしょう。できているのは⑪ぐらい…ではないでしょうか。実際は集合指定時刻に遅れたり、見守り隊の人と会話がなかったり、同級生のおしゃべりに夢中できちんと並べていなかったり、道路にはみ出して危険な状況であったりしていないでしょうか。まずは、自分たちがどのような姿を地域で見せているのかをしっかり自覚させる必要があります。そして、自分たちの安全を守り、成長を支えてくださっている全ての方々に感謝して登校できるように指導していきましょう。

3　他を思いやる

『我以外皆我師』という言葉があります。自分以外の全ての存在が自分を成長させてくれる師であるという意味です。登校場面一つとっても、自分の力だけでは成り立たせられません。実にたくさんの人や環境に支えられていることをまずは自覚させ、それに感謝する心を芽生えさせたいものです。これなくして、「あいさつは自分からしましょう」「見守り隊の人にはお礼を言いましょう」と指導しても空しく響くだけです。家族や地域の方、すれ違う車など、全てに対して思いを致し、感謝できる子は、何も教えなくても自分からあいさつをするし、お礼も言えるのではないでしょうか。

4 徹底反復！ ポイント

> ＊登校の様子を観察し、登校のポイントができている子をしっかりとほめる。
> ＊望ましい姿を皆で共有していく。

　登校時間は私たちの勤務時間外であるため、毎日観察することは難しいでしょう。少し出勤時刻をずらし、子どもたちの登校の様子を見ながら学校へ向かうことも一つの手段です。また、学校によっては登校指導が輪番制になっているところもあると思います。

　道路にはみ出たり、道いっぱいに拡がって歩いたりするなど、危険な行為は注意すべき対象です。「危ないです」「地域の方に迷惑です」など、短く、きっぱりと指導しましょう。しかし、叱られてばかりだと児童の自己肯定感が下がってしまい、注意されなければよいといった消極的な姿をつくることにもなりかねません。やはり、先生からのプラスの評価が絶対に必要です。「○○くんは、班長さんの後ろをきちんと列になって登校していたね」とか、「□□さんは、地域の方に見事なあいさつをしていたよ」など、先生が見たことを具体的な姿でほめます。これは、「先生は登校の様子もしっかり見ているよ」という強いメッセージにもなります。さらに素敵な姿は学級通信などで保護者の方にもお知らせしましょう。基本的なあいさつは家庭教育の範疇ですが、意外とどのような姿がよいかは共有できていないものです。学校からのメッセージを頻繁にお伝えし、学校・家庭・地域で児童を育てていきましょう。

　また、高学年では指導が入りにくいのも事実です。低学年中学年の担任の先生方は、児童が高学年になったとき、率先して下級生の模範になれるように毎日継続した指導を行いましょう。高学年の先生は児童のプライドを尊重し、下級生の先生から情報をもらいながら高学年のがんばりを認め、評価していきましょう。

　温かな心で１日をスタートできる子がたくさんいれば、きっと学級も温かな雰囲気になることでしょう。

（山根僚）

第1章　学級担任の1日に「徹底反復」── 登校

第1章 学級担任の1日に「徹底反復」
朝 休 憩

1　出勤してから朝休憩までにするべき徹底反復

　出勤してから朝休憩までの時間をみなさんはどのようにとらえ、利用されていますか？　私の学校では、上司の出勤時刻が早いため、6時30分には職員室が開きます。私は、学校が開いた時間から教室へ移動するまでの時間をゴールデンタイムととらえ、有効に使っています。この時間を活用する理由は3つあると思います。
①始業時間までにやるべき仕事が明確である
②時間が限られているので有効な時間の使い方を工夫しようとする
③ほとんどの先生方は出勤していらっしゃらないので、印刷機、コピー機、プリンターなどが自由に使える
　毎日、このゴールデンタイムを有効に使い、7時20分には教室へ行くようにしています。余談ですが、学校を出る時刻は、17時から18時になるように決めています。なぜなら我々、子育て世代は、共働きの場合、どうしてもパートナーと家事を分担する必要に迫られます。ですから、なるべく早く帰宅し、子どもを保育園へ迎えに行ったり、買い物をしたり、食事の準備をしたりする必要があるのです。そのために、1日の時間を有効にマネジメントする視点は欠かせません。詳しくは、共著「教師のための『マネジメント』（明治図書刊）」をご覧ください。

2　自らを磨く

　教室へ移動するとき必ずすることがあります。それは下駄箱のチェックです。みなさんは、下駄箱のシューズを正しく入れることを普段から指導

されているでしょうか。この視点は非常に重要です。下駄箱にシューズを正しく入れられる子は、自分の行動を正しく振り返ることができる子だと思います。自分を正しく振り返ることができる子は、問題行動を仮に起こしたとしても、自分の誤りを素直に認め、正しい方向へ修正していくことができるはずです。そのことを日々、指導することによって、子どもが常に正しい行動がとれるよう、導いていくのが、我々教師の重要な仕事だと考えています。どのように指導するか、以下に示します。

①メモを用意し、下駄箱に正しくシューズが入っているかチェックします。正しく入っている基準は、各学校で統一されていると思います。本校では、シューズのかかとが下駄箱の入口の部分に沿っていることが基準となっています。(写真を参考にしてください)

このとき、シューズのかかとをふんでいる子は、要チェックです。厳しく指導します。

②できていない子は、個別に呼んで指導します。このとき、「自分の行動を振り返ることが大切ですよ」と伝えます。

③忘れてはならないのは、昨日はできなかったのに、今日はできていた子を見逃さないことです。できていた子はみんなの前で、徹底的にほめてやりましょう。そうすれば、その子は必ず明日から、正しくシューズを入れられるようになるし、他の子も正しいシューズの入れ方を意識して行動するようになるでしょう。

3 他を思いやる

　全員外遊びをやっています。「友達大作戦」と称し、友達同志さそい合って、クラス全員で遊ぶことを心がけています。一人ぼっちを出さないことで、仲間意識が育ち、クラスに連帯感が生まれていきます。最初は、教師が見本を示し、「おにごっこ」や「ドッジボール」をやってみせても

よいでしょう。その後、少しずつ子ども自身で遊びを企画・運営できるよう、見守ってやることでクラス全体の自立心も育ってきます。

4 徹底反復！ ポイント

> ＊朝の時間を「ゴールデンタイム」ととらえ、反復して活用する意識をもつ。
> ＊シューズや靴が正しく入っているか否かは、子どもの心のバロメーターである。
> ＊全員遊びで、子どもの横糸をつなげる。

基本的な生活習慣は、子どもだけでなく、大人でも重要です。毎日、決まった時刻に就寝し、決まった時刻に起床する習慣をつけたいものです。2時間早く出勤することは、夕方、2時間残業することと同じです。しかし、朝の時間は、夕方の時間に比べて、作業の進み具合が格段に速く、作業効率が高いです。この習慣を繰り返すことで、忙しい生活に余裕をもった、ライフワークバランスを確立できると思います。ぜひ、実行してみてください。

印刷やパソコン作業が終わった後、教室へ上がる際には、シューズが正しく入っているか、毎日、徹底的にチェックします。シューズは心のバロメーターです。徹底した反復指導を繰り返していると、クラスが安定し、シューズが正しく入ってきます。でも、安心してはいけません。数日たつと、一人、二人、正しくシューズが入れられない子がでてきます。子どもは指導されたことをつい忘れ、また、もとの状態にもどってしまうからです。ですから、そのことを踏まえたうえで、再度、指導を行います。この繰り返しが、子どもを成長させていくことでしょう。

全員遊びを繰り返すことで、「他を思いやる心」を育てます。友達がつくりにくい子や、運動が苦手な子にも、「○○ちゃん、さそってあげて」と教師が声かけすることで、友達同士の輪が広がっていきます。さそわれた子は、声をかけてもらえてうれしいし、さそった子も声をかけてよかっ

たな、と感じることができるでしょう。

(山根大)

参考　教師のための「マネジメント」　明治図書　西日本教育実践ネットワーク著

資料

①目標出勤時刻

| 時 | 分 |

②出勤してから朝休憩までにすべき徹底反復

①
②
③

③下駄箱チェック

	／( )	／( )	／( )	／( )	／( )	／( )	／( )	／( )
①								
②								
③								

④全員外遊びを決めよう

第1章　学級担任の1日に「徹底反復」
朝 の 会

1　朝の会で鍛える

　　　　　　　　　どんな一流のスポーツ選手でも、ウォーミングアップの時間があります。いきなり試合に臨むことはしません。

　朝の会は、「子どもたちが1時間目からの学習に全力で学べる準備をする時間」と考えています。朝の会をだらだらとスタートさせていたり、力のない声で進めていたりすると、一日が重たい空気でスタートをしてしまいます。その結果、1時間目以降にも響いてしまうという経験は、多くの方があるでしょう。反対に、朝の会を全力で行うことができれば、それ以降の学習も効率的に進みます。

　朝の会は形式的に行うものではなく、一人ひとり、学級全体を伸ばすことができ、さらにはそれ以降の授業全体へもプラスの影響をもたらしてくれる時間です。

2　自らを磨く

「おはようございます」というあいさつから、朝の会がスタートする学級が多いのではないでしょうか。そのあいさつを少し変化させることを提案します。

　例えば、日直が「おはようございます」と言った後に全員で「おはようございます」と返すことが多いのではないでしょうか。それを日直が、「あいさつを行います。全員、起立」と言います。その後に一人ひとりが、「おはようございます」とリレーのように次々に言っていきます。そして最後に担任の先生が言った後に、全員で「おはようございます」と言わせ

第1章　学級担任の1日に「徹底反復」── 朝の会

ます。これだけで、一人ひとりがあいさつをする場を設定し、さらには声の大きさを意識して表現させることを鍛える場となります。一か月に一度まわってくるかわからないスピーチの時間を設定するよりも、毎日短時間でも表現する場がある方が、一人ひとりの力は飛躍的に伸びていくことにつながります。

　最後に全員で言う場面でも、例に挙げた日直の後にすぐ全員で言う場合と比べ物にならない声量になっていきます。これを毎日繰り返していくと、一年たったときには学級全員が気持ちのよい声であいさつをするように成長しています。声を出すことで、どんどん脳は活性化していき、1時間目以降への準備もバッチリになります。

3　他を思いやる

　先に例として挙げたあいさつリレーですが、一人ひとりを磨くだけではなく、他の仲間を思いやることへもつなげていくことができます。リレーのようにやっていきますが、ただ大きな声で言えばよいのではなく、次の人の方を向いて言わせます。また、聞いている子には、あいさつをしている子のレベルが前日と比べてどうかなどの視点を持たせて聴かせます。

　あいさつリレーだけではなく、同様のやり方で返事リレー・笑顔リレー※なども行うことができます。リレーの最後に、学級目標を全員で音読して、「今日も一日、よろしくお願いします」と全力であいさつをします。

　全員で朝から大きな声を出し、さらには「お願いします」とあいさつをするだけでどこか一体感が生まれ、仲間を思いやる意識ができてきます。

　※笑顔リレーは、無言で笑顔をリレーしていくというものです。はたから見ると不思議な感じですが、学級全体が自然と笑みになり、温かい雰囲気でスタートを切ることができます。

4 徹底反復！ ポイント

＊力を出しきらないことを許さない。
＊毎日繰り返し意識をさせる。

　教育の中には、「ヒドゥンカリキュラム」と呼ばれているものがあります。直接は教えていなくても、無意識のうちに子どもたちに学ばせているものです。

　例えば、面倒くさいなどの理由で、だるそうにあいさつをする子がいるとします。そのとき、教師がどう対応するかで、その後の子どもたちの朝の会でのあいさつの様子が変わってきます。当然そのまま何も言わなければ、他の子も「全力でやらなくてもいいんだ」ということを学びます。人間は、意識しなければ、楽な方に流れてしまいます。そうさせないためにも、教師が力を出しきらせるというぶれない意識をもつことがポイントになります。

　さらに、毎日繰り返すことがポイントです。教師が紹介してすぐは、力を出しきる子が多いです。しかし日がたてば、だらけてしまいます。そこで、できていない場合はやり直しをしたり、できている子をほめたりしていきます。

　ここでは、朝の会の中の「あいさつ」に焦点を当てて取り上げてきましたが、教師は姿勢や司会の進め方など、一つ一つにおいて子どもたちにこうさせたいという具体的なイメージをもち、それを毎日繰り返し行わせることが大きなポイントになります。

（友田）

第1章　学級担任の1日に「徹底反復」—— 朝の会

第1章　学級担任の1日に「徹底反復」
５分休憩

1　５分休憩で子どもにどんな力をつけたいか

　５分休憩は何のためにあるのでしょうか。５分休憩は空白の時間で終わらせてもよいのでしょうか。答えは否ではないでしょうか。子どもたちが登校し下校するまで、子どもたちを伸ばせない場面はありません。いかなる場面でも、子どもたちを伸ばすチャンスがあると考えます。教師はどんなときもその意識をもち、子どもたちを見ていなければいけません。そう考えると、５分という短い休憩時間もねらいをもって徹底反復することで、十分子どもを伸ばすことができます。教師のねらいがはっきりしていれば指導がぶれなくなります。ねらいをはっきりさせて指導していきましょう。

　まずは、５分休憩を子どもたちはどのようにとらえているのかということをしっかりと聞きます。その後、教師はねらいをはっきりと伝えます。
「５分休憩はけじめを身につけるための練習の時間です」
　ここで、子どもたちにけじめをつけて行動することの大切さを説明し、５分休憩も自分を磨く時間であることをはっきりとさせておきます。
〈けじめをつけて行動できる子はかしこい子〉
　なぜけじめをつけて行動できる子に育てたいのかというと、学校生活の中や授業の中、さらに細かくいうと子どもたちの行動一つ一つの中には、必ずけじめをつけて行動することが必要だからです。子どもたちの中にけじめがなければ、学級経営が成り立っていかないと言っても過言ではありません。
　また、けじめをつけて行動できる子は集中力も高いです。けじめというのは、次に向かう姿勢だと考えます。つまり、次の行動に向かって心も体も準備が整っていれば集中力が高まり、結果、学力向上につながっていく

と思います。
「けじめをつけて行動することができる人は損をしません」
　けじめをつけて心も体も次の準備ができている人は、たくさんのことを吸収できるということなのです。

2　自らを磨く

　子どもたち一人ひとりに、「5分休憩は自分を伸ばす時間なのである」という意識をもたせなければなりません。そう考えると、5分休憩の間にだらだら準備をする人、おしゃべりをする人は自らを磨いているでしょうか。磨けていませんね。5分休憩をパーツに分け、具体的にどのように動けばよいのかということを教室に掲示し、反復して指導していくと無意識にパーツをこなすことができるようなります。すると子どもたちの準備スピードは驚くほど変わってきます。すると時間に余裕ができるようになり、けじめを身につけ、素早く動くことが気持ちよく感じるようになります。自らを磨くことは気持ちのよいこと、自分にプラスとなって返ってくるものだと感じさせたいですね。

3　他を思いやる

　学級によっては各教科の準備係当番がいる場合もありますが、5分休憩で行う授業準備は基本的に個人作業となります。しかし、スピードが上がり素早く準備できるようになってきた子には、自分のこと＋1（プラスワン）を意識させます。準備係当番の子の手伝いをすることも一つです。また、教室環境の整理も大切だということを伝えます。例えば、机がガタガタ、床にごみが落ちている状態で授業をしても賢くなりません。
「○○くん、机をそろえてくれてありがとう。これでみんな賢くなれるぞ」と、タイミングのよい評価をしてあげましょう。

4　徹底反復！　ポイント

> ＊優先順位は何かを考えさせる。
> ＊５分間をパーツに分けて考える。
> ＊フォローを大切にする。

(1)優先順位は何かを考えさせる。

　５分休憩の指導をするうえで大切なのは、優先順位をはっきりさせておくことです。５分休憩にすることを子どもたちに意見を出し合わせ、どれを優先してすべきなのかを考えさせます。こうすることで無駄を省いてけじめをつけていくことができます。

(2)５分間をパーツに分けて考える。

「次の準備をしておきなさいよ」

と、５分間の間にすることがあやふやになるような言葉かけをしてしまうと、準備などができていない子が出てきたり、大騒ぎが始まってしまったりして、次の学習の時間に食い込んでしまうことはないでしょうか。

　子どもたちが何をすべきか分かって次の授業に向けて準備ができるような指導が必要です。そこで、５分間をパーツに分けることがポイントだと考えます。

(表①)

1分	前時の片づけ 次時の準備①
2分	お茶・トイレ休憩
1分	次時の準備②
1分	筆箱チェック あいさつ

(表②)

1分	前時の片づけ 次時の準備①
2〜3分	移動教室
1分	次時の準備② あいさつ

(解説)

　５分間をパーツに分けるいちばんのメリットは、見通しがもてることだと私は考えます。けじめをつけて行動できない子どもたちは、わざとだら

だらしているのではなく、何をすればよいか理解していないという理由もあるのではないでしょうか。そこで表①を学級に掲示し手順を明確にすることで、子どもたちが見通しをもつことができます。また、パーツに分けることで行動のスピードが上がり、準備が間延びしません。レベルが上がってくると、一つのパーツの中でどこまで準備をしておけばよいか自分で考えるようになってきます。見通しがもてるような型を教え徹底反復することで、心に余裕ができ、自分で考える力もついてきます。

　左のページの例では、準備時間をあえて二つに分けています。①は次時の準備です。ノートや教科書を机の上に出したり、移動教室の準備をしたりします。②では、準備物の最終確認をさせます。授業が始まって鉛筆削りに列ができるようでは、けじめがついたとは言えません。準備と確認をしっかりと定着させます。この力はあらゆる場面で役に立ってくるのではないでしょうか。

(3)フォローを大切にする。

　5分休憩の間教師は何をしていますか。ここも見直す必要があるのではないでしょうか。もちろん宿題や課題の丸つけに追われることもありますが、少しでも子どもたちを見る時間をつくることが大切です。そして授業始めに、

「○○君、準備が速くなったね」

と、フォローをしてあげる。子どもたちに教師はちゃんと見ているということが伝わります。がんばっている姿はタイミングよくほめてあげましょう。

(野中)

資料

5分休憩をパーツに組み立ててみよう！

分	
分	
分	
分	

第1章　学級担任の1日に「徹底反復」
中休み

1　攻めの時間＝中休み

※本項の「中休み」とは、2校時と3校時の間に設定されている少し長めの休憩のことです。

　中休みは、教師の休憩時間ではありません。確実に言えることは、職員室でコーヒーを飲んでいる場合ではないということです。中休みは子ども理解という面で、最重要な時間帯です。

　中休みは基本的には教師は子どもとコミュニケーションを図ります。そこでは、普段授業では見られない一面を見ることができます。

　休憩は教師自身が子どもに帰り、子どもらしさを見せる時間であってもよいと思います。そこが教師への親しみにつながります。

　しかし、その反面気をつけなくてはいけないのが、一人の子を見逃さないということです。教師は、児童とのコミュニケーションを図りながらも、常に全児童の動きに目を向けておく必要があります。中休みは、「教員の休憩時間」＝「守りの時間」ではなく、「子どもを見取る時間」＝「攻めの時間」と考えていきましょう。

2　自らを磨く

　中休みの遊び時間をどのように過ごすか。これは、非常に重要なことです。体力低下の原因の一つに外遊び時間の減少があります。また、体力面だけでなく、外遊びで育まれるコミュニケーション能力や空間認知能力などは、子どもたちの将来にも大きな影響を与えるものです。

　子どもの成長を担う学校としては、この外遊び時間を確保することが非常に重要となってきます。

　しかし、高学年になってくるにつれて、だんだんと外遊びを避ける児童

が増えていくのも事実です。そこで、学校や学年、クラス単位で中休みの過ごし方のルールを作ります。

　ルールの大原則は、中休みは基本的に外で遊ぶということです。ただし、例外として、体調が悪い児童は外遊びをしなくてもよいことを伝えておきます。

　中休みでの外遊びは、日々継続してこそ効果があります。そこで、委員会との連携を図ります。外遊びの奨励のため、放送委員会や体育委員会に放送をお願いします。そうすることで、毎日中休みには外遊びの放送が流れます。教師は外遊びの指導がしやすくなります。

　また、高学年であれば、外遊びで育まれる能力についてはっきりと説明をすべきだと考えます。外遊びをすることで、どのような力がつくのか。これを明確に示すことも必要です。外遊びは、楽しむだけでなく、同時に自分を鍛えているという一面もあることを子どもたちに自覚させましょう。

　いずれにしても、教師自身が子どもたちと一緒に外遊びをすることがいちばん効果的と言えます。教師自身がいろいろな遊び方を示し、外遊びの楽しさを伝えていきましょう。

3　他を思いやる

　中休みは、ただ楽しめばいいのではありません。自分が楽しければよいという考えではなく、他を思いやるという視点から子どもたちに目標をもたせましょう。自分のクラス（6年生）で立てた目標は次のとおりです。
①友達と遊ぶときには、仲間外れを作らないようにする。
②教室に一人の人がいないか、気にかける。
③男女関係無く、いろいろな人と遊ぶ。

　この目標をもとに定期的に振り返りを行い、評価をしていきます。評価をしていくことで、次第に子どもたちの中に目標に対する価値が生まれていきます。いずれにしても、中休みをどう過ごさせるかという意識を教師自身がもち続けられるかがいちばんの鍵だと言えるでしょう。

4　徹底反復！　ポイント

> ＊教師自らが毎日外遊びをする。
> ＊さまざまな呼びかけ手段を使う。

　4月、学級が始まったときから中休みは外で遊ぶということをルールとして統一しましょう。まずは学年でルールを統一するべきですが、学校全体で取り組むとより一層効果的です。中休みは外で遊ぶという雰囲気づくりができれば、こっちのものです。

　しかし、ルールにはほころびの原因となるものもあります。それは、元気にも関わらず外に出ない子です。これを許しておくと、外遊びのルールが崩れていきます。もちろん、友達関係についても教師は十分配慮しなくてはいけません。外で遊ぶ友達がいないのに、外に行けというのは酷なことです。外遊びの推奨と同時に、学級での仲間づくりを忘れてはいけません。

　また、中休みでの外遊びを楽しいと思わせる工夫も必要です。そのためには、学級の係の中に「全体遊び係」を作り、週に3日は中休みに全員で遊ぶというような外遊びを楽しめる工夫も必要です。学級での係に任せておくと、クラス内での呼びかけが生まれます。これが非常に効果的です。教師から外遊びを一方的に呼びかけるのではなく、仲間からの呼びかけがあるとまた違った刺激となります。

（原）

第1章 学級担任の1日に「徹底反復」── 中休み

> ワンモア！

　もし、全校の休憩時間を活性化させる立場になったとしたら、どのように仕組みますか？学級でも全校でも基本は変わりません。それは、教師がお膳立てをして遊ぶ会を設定しても、児童の成長にはつながりにくいということです。児童が自分たちで考え、やってみて、壁にぶつかり、改良してまたやってみて…を繰り返せるシステムを作りましょう。

【例】「遊ぶんイレブン！　なかよしデー」
　毎月11日（お休みなら次の登校日）は縦割り班で遊ぶ日！　縦割り班で楽しく遊ぼう！
①6年生の班長を中心に、前日の縦割り掃除までに遊ぶ内容と集まる場所を決めておく。
②班対抗ゲームを企画してもよいし、合同班をつくってもよい。
③どの学年でも楽しめるものにする。
④「お願いします」で始め、「ありがとうございました」で終わる。
⑤何か困ったことがあれば、6年生がリーダーとなって解決する。
⑥大きな問題は児童会役員に伝え、代表委員会で話し合う。

第1章　学級担任の1日に「徹底反復」
給食準備

1　給食準備で鍛える

　力のある学級、まとまりのある学級の大きな特徴の一つに、給食準備時間が短く、丁寧だということが挙げられるでしょう。一方で給食準備は、システムだけ教師が用意して、それ以降は子ども任せということが多いようにも感じています。教師の指導の差、取り組みの有無などが、子どもたちの姿、準備の時間などとしても表れてくるように感じます。各学校の実態の差などはあれ、準備開始から完了まで10分でできます。さらに5分台になってくると、さまざまな工夫や子ども同士のつながりが必要になってきます。
　給食準備が速くできることは、子どもたちにとって気持ちがよいことであり、さらには楽しく食べる時間を長くとることにもつながってきます。
　「給食準備で鍛える」という視点は、多くの先生方があまりもっていない視点のように感じます。しかし、可能性の大きい時間でもあります。

2　自らを磨く

　「〜しなければならない」と言われると、子どもたちは動く気になりにくいようです。確かに給食当番も「やらなければならない仕事」です。しかし、それを教師が少し工夫して、子どもたちが「やりたい」、「もっと極めたい」という気持ちにさせることができると、子どもたちは教師の想像以上に働き、自分自身の力を磨いていくことでしょう。
　例えば、給食士などという資格を設けていきます。資格の基準は、各学級によってさまざまあるでしょう。私の学級では、丁寧におわんに配膳できること、自分のことだけではなく仲間のことを考えて動くことなどを資

格の基準にしています。配膳する技術だけではなく、仲間への心配りやたくさんの気づきをして行動に移せる子に育てたいと考えています。そのため、資格の基準に「心」のことも取り入れています。

　給食当番という言葉を「給食士」という言葉に変え、仕組みを少し変えるだけで、子どもたちはやる気になります。さらに、そこで成長できる道筋を作ってやることで、子どもたちは大きく伸びていくきっかけになります。

　給食士を取り入れた私の学級の子どもたちは、自然と自分が食べるとき、どういう置き方をされていると気持ちがよいかなどを考えるようになりました。他の工夫として、右利きと左利きのはしの向きや食器の置く位置を変えること、食缶に一粒も残さないようにしていくことなどがあります。もちろん、ここで教師が見逃さず認めていくことが大切になります。

　高学年では、「給食士１級になると他の学年の手本となって、お手伝いに行ってもらいます」と言うと、俄然やる気になります。

　きっかけは、「給食士になりたい」という気持ちであるかもしれませんが、続けていくうちに、級など関係なく取り組んだり、掃除や他の場所で進んで動く姿として表れてきたりしています。

3　他を思いやる

　先に挙げた例の「給食士」では、やっぱり仲間と協力することが欠かせません。一緒に準備をする仲間の動きを見ながら、自分に何ができるか考えて動いたり、与えられた仕事を終えると次に何ができるか周りの様子を見て判断したりしていかないといけません。

　特に準備するスピードを速くしようとすると、
①おかずをお皿に入れる人が素早く入れることができるように、皿を用意して置いてあげる。
②入れやすく渡してあげるなど、いろいろな立場の人の気持ちを考えていかないといけない。
③運ぶ人がスムーズに運べるように、並び方を工夫していく必要がある。

④一人で仕事に取り組むのではなく、仲間との協力が必要である。

「～しなければならない」と思いながら嫌々取り組んでいたら気づけなかったことなども、教師の工夫次第で子どもたちが「やりたい」という気持ちになります。さらに認めていくことで、一緒に働く仲間・食べる友達などの気持ちを考えて働くことができるようになります。

4 徹底反復！ ポイント

＊ストップウォッチを使う。
＊ユーモアを交えながら。

簡単な工夫として、ストップウォッチを使うことが挙げられます。毎日行っている給食準備も、ストップウォッチで時間を計るだけで、昨日の記録と比較することができます。

なんでもないことのようですが、時間を計るだけで子どもたちの気持ちや動きには大きな変化が生まれます。

また、時にはユーモアを取り入れながら行っていく。「私のマル秘テクニック披露会」などと題して、学級会を開きます。この題名だけで、子どもたちはワクワクしてきます。この披露会では、給食準備を速く、そして思いやりをもって行っていることを発表していきます。ただ言葉だけではなく、実際にエアー配膳などで実演をさせます。やっている子どもも、見ている子どもたちも、なぜか笑顔になっていきます。そして次の日の給食準備時間になると、昨日披露された技が学級全体に広がり、速く・丁寧になっています。

(友田)

第1章 学級担任の1日に「徹底反復」── 給食準備

> ワンモア！

動画を撮ろう！

　子どもたちががんばって配膳をしている様子を、ぜひ動画で撮っておきましょう。それを子どもたちに見せ、気づきを発表させるなどメタ認知をさせることが有効です。さらに、撮った動画を同学年の先生やサークルの仲間に見てもらい、アドバイスをもらうことで、教師自身が気づいていない点も見えてきます。何より具体的な記録として残ります。
　最近は安価なデジカメでも結構綺麗な動画が手軽に撮影できるようになりました。ミニ三脚は100円ショップにあります。ぜひ挑戦してみてください。

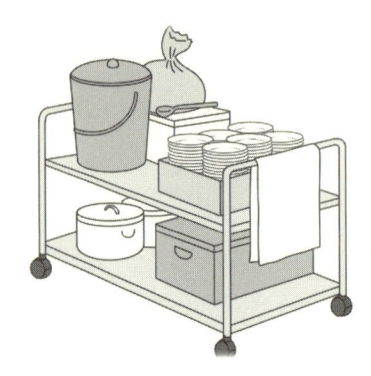

第1章 学級担任の1日に「徹底反復」
給食の後片づけ

1 何ごとも初めが肝心「管理する」と「任せる」の使い分け

　食器の返し方を見れば、学級の様子はおよそ想像がつきます。床にストローやパンの袋が転がっている……はしがばらばらの向きになっている……ごはん粒がついたままの茶碗……。これを見て、落ち着いている学級だと思う人はあまりいないでしょう。

　おいしく給食を食べた後は、「作ってくださった方に対して感謝の思いを伝える行為」を、心を込めて行いたいものです。

　全員が食べ終わるのを待たせていると、片づけに混み合い、食器の破損やトラブルのもとになりかねません。私の学級では、食べ終わった子から片づけさせています。まずは、子どもの動線を考えて準備します。最初にストローやパンのビニールを捨て、次にはしやスプーンを置き、その後食器を種類ごとに返却することができるようにごみ箱や食器かごを配置します。その際、食器かごを教師の前に置きます。そうすることで、雑な片づけ方の子にはその場でやり直しをさせたり、きれいに食べている子には声をかけたりすることができます。すべてが終わってから「この食器は誰？」と叫んだところで、名乗り出る子はいないでしょう。「教師が見ていない」では、せっかくの指導のチャンスを逃すことにつながります。最初は教師の目でしっかりチェックし、できていない子にきちんと指導する「管理」を怠ってはいけません。しかし、学級すべての子をチェックし管理することは不可能です。そこで「任せる」を使います。きちんと食べたことを隣同士もしくは班の中でチェックさせるのです。

2 自らを磨く

「牛乳パックの捨て方」で考えてみましょう。ごみを減らすため、私の勤務校では、牛乳パックを潰して一つのパックの中に差し込んで捨てています。一人ひとりがきちんと潰さなければ一つの中に班全員分の牛乳パックは入りません。ですから子どもたちはペタンコになるように力いっぱい潰します。しかし、最後まで飲みきっていないと潰したとき牛乳が噴きだし大騒ぎ……。牛乳が噴き出す失敗をした子は、次の日から自然と飲み残しがないかきちんと確かめるようになります。「最後までしっかり飲みなさい」と指導するよりも、「任せる」ことで、自分で飲み方・片づけ方を考えて行動するようになるのです。中には、わざわざ口を開いて中を覗いて確かめる子も出てきます。そのときはチャンス！「目で確認するなんて、えらいね」と声をかけます。

3 他者を思いやる

食器かごの中に食器を重ねるとき一つの山ばかり高く積み上がっていませんか。これでは、当番が食器かごを運ぶとき食器が倒れてしまいます。「なんだか運びにくそうだね」とつぶやくと、勘がいい子は「かごの中に同じ高さの山ができるように積み重ねるといい」ということに気づき、すぐに直すでしょう。あとは次に続く子をほめ、じわじわ広がるのを待ちます。教師は常に声をかけ、運ぶ人や給食の先生のことを考えた行動ができるようになったことを評価し実感させることでよい行動を価値づけていくのです。

ある日、先輩の学級へ行ったとき、食缶を見て衝撃を受けました。食缶に円を描くように並べられたオレンジの皮。捨てる物にも思いを込める。作ってくださった方だけでなく、いただく命に対しても感謝の思いを伝えるこの行為。心を強く打たれたことを今でも覚えています。そして「私もこんな子どもたちを育てたい」と思いました。その先輩教師こそ、私を教師人生に導いてくださった山根僚介氏であることは言うまでもありません。

4　徹底反復！　ポイント

> ＊「管理」と「任せる」の繰り返し指導を行う。
> ＊同じレベルで根気よく言い続ける。
> ＊「当たり前」を広めるタイミングを逃さない声かけをする。

　学年スタート時は、自分の指導法を定着させるために、一つ一つ細かく「管理」指導すると思います。そして一か月二か月とたち、ある程度定着してくると、「任せる」時期に入ります。しかし、教師が完全に「任せる」に入り目を離すと、児童は少しずつ「これくらいはいいだろう」と手を抜き始めます。そうなると、もう一度「誰に対する行為なのか」「何に感謝するのか」という指導を行います。児童一人ひとりが納得したうえで、確実な定着につなげるための「管理」を再度行うのです。少なくとも、学期の始めにはもう一度みんなで確認する時間を取ってもよいでしょう。私の学級では、３学期後半になっても、４月と同じようなことを言っています。何度も何度も繰り返し、同じレベルで言い続けることは、根気のいる仕事です。教師の気ままな「これぐらい、まあいいか」が学級の荒れを引き起こす原因となるのです。教師が根気よく児童と向き合うことも大切な反復要素の一つです。

　先にも述べたように、指導を徹底し、「当たり前」として定着させるのは容易なことではありません。常に、自分の行動を振り返らせ、自己評価・他者評価を繰り返しながら、「当たり前」を体に染み込ませるのです。正すべき行動やよい行動は見逃さず、タイミングよく声をかけることで、児童に「先生は、ちゃんと見ている」という思いをもたせ、信頼関係を構築することを心がけながら、日々の指導にあたろうと私自身も奮闘しています。

（後藤）

資料

はし入れ

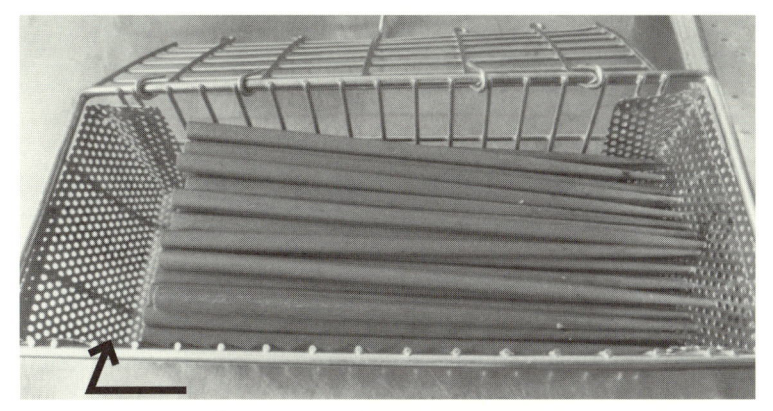

向きをそろえるだけでなく、位置もそろえる。

食器かご

三つの食器の山が同じ高さになるように収める。
声かけの例「自分が食器を入れるときは、いちばん低い山に置きましょう」

第1章 学級担任の1日に「徹底反復」
昼休憩

1 昼休憩も学級づくりを意識して

　昼休憩は、基本的には子どもたちの「息抜き」の時間です。5～6時間の授業を集中して取り組むためには、こうしたリフレッシュの時間が必要です。しかし、けんかなどのトラブルが起こりやすいのが休憩時間です。また、年間200日ほどの授業日があるわけですから、昼休憩を単なる「息抜き」の時間にするのはもったいないです。そこで、学級づくりを意識して子どもたちに昼休憩を過ごさせてみてはどうでしょうか。ここでは、昼休憩で行う①継続メニュー、②日替わりメニューについて紹介します。

①継続メニューでは、「なわとびの8の字跳びを1分間で100回」など学級で目標を決めて、毎日5分程度全員で取り組みます。練習すればみんなができるような活動にするとよいでしょう。他の学級と回数を競わせるようにすると一層盛り上がります。

②日替わりメニューでは、学級の全員で同じ遊びを行います。外でドッジボールやおにごっこ、室内でフルーツバスケットなど、あらかじめ決めておいた遊びをするようにします。運動の得意な子もいれば、絵を描くのが好きな子もいるので、できるだけいろいろな遊びを取り入れるように工夫させます。

　①②ともに、学級全員で取り組むことがポイントです。また、子どもたちがリフレッシュできるような活動であることも忘れてはいけません。時々は担任も参加し、子どもたちの活動の様子を見ておきます。特に、子どもたちの表情や言動から、友達関係を注意して見るようにします。誰とも話していない子や表情の暗い子などがいたら、さりげなく声をかけて子どもたち同士をつなげていきましょう。

2 自らを磨く

「休憩時間くらい自由に過ごしたい」「違う遊びをしたい」そう思う児童もいるでしょう。しかし、「みんなで〇〇をしよう」と学級で決めたなら、それに従わなければなりません。そして、やるなら「嫌々」でも一生懸命やるべきです。「嫌だからやらない」、「適当にやる」というのでは、協調性がありません。自分のことよりも友達が喜ぶことを優先できるようになれば、学級の雰囲気はとてもよくなります。他人と協力することは、学校だけでなく社会で生きていくうえでもとても大切です。また、与えられた場で全力を出しきることも重要です。これらのことをしっかりと教えていきましょう。

また、時間を守ることも大切です。遊びが盛り上がっていても、掃除などの次の活動に遅れてはいけません。時計を意識して見るようにし、声をかけ合って次の活動に移るようにさせます。だらだらと遊んでいるような子は普段から時間にルーズな可能性もあるので、その場できちんと指導をします。

3 他を思いやる

みんなで何かをするとき、一人でいる子がいたら「いっしょにやろう」などの声をかけられるようになってほしいものです。そのためには、子どもたちが常に周りの子の様子に気を配っておく必要があります。もし、一人でいる子がいたら、教師は学級の他の子に「〇〇さんが一人で寂しそうにしているよ」と声をかけ、一人の子をさそって遊びに行くようにさせます。あとで、「ほかにも一人の子がいたら、今日みたいに声をかけてあげてね」とフォローしておくと、意識して周りの子を見るようになります。

4 徹底反復！　ポイント

* 「全員参加」で子ども同士、子どもと教師のつながりを深める。
* 目標を設定し、意欲づけを。
* 時間を守らせる。

　昼休憩は授業と同様に個や学級集団を育てるうえで貴重な時間です。もちろん、読書やサッカーなど各々が自分のやりたいことに一生懸命取り組むことで身につく力もあります。しかし、「全員参加」だからこそ身につくものもあります。特に学級集団づくりには「全員参加」が必須だと私は考えます。上述したように、全員参加させることで協調性や思いやりの心を育てていくという視点をもっておくことが大切です。

　子どもたちは（大人もそうですが）、目標があればがんばれます。「1回でも多く縄跳びを跳ぼう」といった、より高まろうという意欲や向上心は、授業やその他の生活の中でも生かされます。「1秒でも速く計算しよう」「もっときれいに本をそろえよう」など、いろいろな場面で目標設定をさせ、意欲づけを行っていくとよいでしょう。

　時間を守ることについても、普段の生活の中で指導していく必要があります。特に、子どもたちが開放的になる昼休憩などの時間の終わりは要注意です。やりたいことをやめて時間を守るということは、自分をコントロールできているということです。時間を守るというのは当たり前のことですが、子どもたちにとってはすごいことだと思います。自分をコントロールしていることをしっかりほめてあげましょう。

（島田）

第1章　学級担任の1日に「徹底反復」── 昼休憩

第1章 学級担任の1日に「徹底反復」
掃　除

1　掃除ができている学級は崩壊しない

　初任校でのことです。ある指導主事が学校へ来られて授業をご覧になりました。5校時でした。その後の指導助言の中に、「授業ももちろん拝見しましたが、ごみ箱を見て回りました。ごみ箱を見れば学級が見えてきますね」とおっしゃったことがありました。若かった私は、「授業を見ればいいのに、ごみ箱なんて意地が悪い…」と思ったものです。しかし、今になってその意図が分かるような気がします。5校時ということは当時の勤務校では掃除直後ということになります。当然ながら、ごみ箱のごみは片づけられているはずであり、そこにごみが溢れかえっているようでは時間内に掃除が満足に終わっていないことを意味します。また、ごみ箱そのものがきたなく、よごれがそのままにされているのも、学習環境を整える担任としてはいかがなものでしょうか。そしてさらに問題であるのは、そのような状況でも担任教師が何の手も打てていないという状況であろうと思います。学級集団の抱える問題点が見えない、見えても対処できないというのでは、学級経営としては黄信号です。

2　自らを磨く

　掃除にはさまざまな役割分担があります。中でも人気いちばんは「ほうき」です。掃除時間になると先を争ってほうきを取り合う姿が見られないでしょうか。どうしてそんなにほうきをやりたがるのでしょう。それは、「楽」だからです。軽い上に立位のままでよいのでぞうきんよりも人気があります。もちろんそれでよいはずはありませんので、当面の対策として

分担表を作る方法があります。日替わりでほうきやぞうきん、机運びなどの役割を回していく方法です。しかし、これだけで児童が主体的に掃除をするようにはなりません。徹底した掃除法指導とほめ言葉が必要です。例えばほうきです。よくほうきを動かしているだけでごみを集められていない児童を見かけます。教室の中のどこをスタートにしてはき始めるのか、一度に床のタイルを何枚分はくのか、そして何よりごみを目視で確認しながらはき、ほこりが残るようなら同じ場所を何度もはくことなどを教えます。特に教室の隅や壁際にはほこりが積もるので特に念入りにはきます。そして、ほうきは決して楽な仕事ではなく、ぞうきんがけをする前の重要な仕事であることを自覚させます。同様にぞうきんがけの児童にもしっかり指導します。よく、端から端までぞうきんでふきながらタッタッと進んでいる児童を見かけます。(お寺の廊下をぞうきんがけする一休さんのイメージです) しかし、この方法はよほど気をつけないと曲がってしまったり、ふいていない場所が生じたりします。ここでよく児童に言うのは、「ふくのではない、磨くのです」という指導言です。床に膝をつき、目の前のタイル数枚を何度も力を入れてふきます。この様子を磨くと表現するとイメージしやすくなります。また、特によごれている部分を見つけたら、力を入れてゴシゴシと磨きます。単に走っていただけでは見えないよごれが見え、そして消えていきます。

3 他を思いやる

　掃除は自分の内面を見つめる時間であると同時に、自分以外のみんなへの奉仕の時間でもあります。みんなが気持ちよく過ごせるように、自分に任せられた場所を誠心誠意きれいにする、この心を育てていきたいものです。そして最終的には掃除の役割分担は廃止します。分担などなくとも、自分がみんなのためにきれいにするにはどの方法を選んだらよいかも自己決定でき、かつ心を込めて場を清めることができる。そんな集団を育てていきたいですね。

4 徹底反復！　ポイント

＊ぶれのない指導を繰り返す。
＊何のための掃除なのかを考えさせる。
＊当たり前のことができている児童を認める声かけ。

　例えば、掃除中に私語をしていた児童に「無言で掃除しなさい」と注意したとします。ところがその翌日、同じように私語をしているのに注意をしないということがあれば、児童は私語を改めるようにはならないでしょう。それどころか、教師の注意を軽んじるようになります。このような指示のぶれによるマイナスの徹底反復を無意識にしていないでしょうか。それだけ、教師の指導言は重いのです。ぶれないようにしたいものです。
　ところで、何のために掃除をするのでしょう。やはり、「場をきれいにするため」です。であるなら、児童が行っている掃除が場をきれいにするために役立っているのかどうかを「観る」必要があります。ほうきのはき方が雑であるならはき方を教え、ぞうきんのかけ方が雑であるなら磨き方を教えます。授業中の机間巡視で行う指導と同じです。掃除時間は職員室で雑談したり、教室で丸つけをしたりする時間ではありません。指導時間です。つまり、指導することで児童に掃除力をつけていくという気概が教師側に必要なのです。そうする中で、ちゃんとがんばっている児童も見えてくるはずです。「がんばっているね」「よごれが落ちたね」「（よごれている場所を）よく見つけたね」などの児童を認める声かけをしていきましょう。先生への信頼、自分への自信を高めることができます。
　そして、掃除後に「きれいになったか」を確認して改善点を示し、児童に伝えましょう。これも繰り返し、繰り返しです。

（山根僚）

第1章　学級担任の1日に「徹底反復」── 掃除

資料

①分担表　例

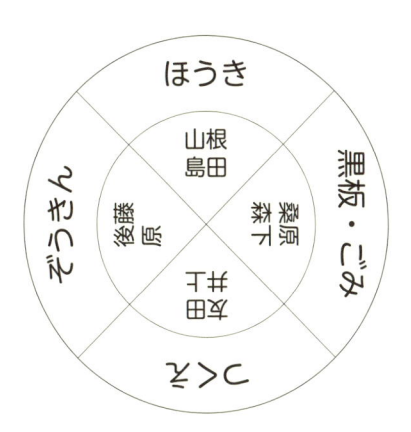

```
         ほうき
       山根
       島田
ぞうきん  後藤 栗原  黒板・ごみ
        原  森下
       土井
       田
         つくえ
```

分担表を使っていると自分の分担以外はしない児童が現れます。早く済んだら手伝うことをあらかじめ指導しましょう。

②掃除方法掲示例　「磨く」など、教師のこだわりを見せたい部分です。

	ほうき	つくえ	ぞうきん	黒板・ごみ
始	教室の前からはく。	教卓などを協力して後ろへ運ぶ。	はいてもらったところを磨く。	チョークの粉をふく。黒板消しを掃除する。
中	(はいたあとにごみが残っていないかよく見よう！)	ぞうきんがけが終わったところから机を前に運ぶ。	(壁際は特に念入りに！)	ぞうきんがけを手伝う。
終	ごみを集めてすてる。	せいとんする。	床を全て磨いたら、ロッカーの中などよごれている部分を磨く。

①②とも、最終的には必要ないような児童集団になるよう、1年間をとおして指導していきます。

45

第1章 学級担任の1日に「徹底反復」
帰りの会

1 「帰りの会」での失敗

　ある年、子どもたち同士の関わり合いが少なく、友達関係が固定化していると感じられる学級（6年生）を担任することがありました。年度当初、私は子どもたち同士の関係をつなごうと、終わりの会に「学級の宝」というコーナーを設け、毎日お互いのよいところを発表させようとしました。しかし、「学級の宝」を何度繰り返しても人間関係が目立って変化していくことはありませんでした。それどころか、回を重ねるごとにマンネリ化が進み、気がついたときには、そのコーナーで発表していたのは数名の決まった子どもたちだけになってしまいました。残りの子どもたちは、その間、下を向いたり手悪さをしたりして、「学級の宝」にはまったく関心をもっていない様子でした。6年生にとってはみんなの前で声を出す気恥ずかしさもあったのでしょうが、みんなの前で「よいこと」しか言わない（言えない）ことも空々しく感じられていたのだと思います。当時私は、帰りの会の「形」にばかりこだわり、ひたすらその「形」を人間関係がまだうまく築けていない状態の子どもたちに押しつけ、結果、学級の成長をうながすことができませんでした。

2 自らを磨く

　帰りの会の進め方や内容は、学校や学級の実態によってさまざまだと思います。しかし、私たち教師が忘れてはならないのは「何のために行うのか」です。
① 「子ども同士をつなぐために」
　まず、帰りの会は「子ども同士をつなぐために」行うととらえることが

できます。例えば、帰りの会の中でお互いのよさを伝え合うという方法があります。この方法では、一日の中で互いによかったことを伝え合うことで、子ども同士の肯定的な人間関係を築いていくことができるでしょう。各係から学級全体に対して連絡やお知らせをするという場を設けることもあります。これも、学級の自治的風土を高めることで、子ども同士の関係をつないでいく方法の一つと言えるでしょう。

② 「子どもと教師をつなぐために」

　次に、帰りの会は「子どもと教師をつなぐために」行うととらえることもできます。例えば、教師が一日の個人や学級の成長を喜びとともにフィードバックする。そうすれば、きっと子どもたちは教師に対する好感や信頼感を高めることができるでしょう。また、帰りの会でちょっとしたゲームやクイズをすることでも、子どもの教師に対する信頼感や安心感を高めることができると思います。帰りの会の司会を子どもが務め、子どもたちが自分で帰りの会を進行していく学級も多いと思います。しかし、そのような中でも、会の進め方や発言の内容に対して助言や指導を行うなど、教師と子どもたちとの関係を維持・強化していこうとする教師の姿勢は必要だと思います。

③ 「過去と今、そして未来をつなぐために」

　最後に、子ども一人ひとりにとって「自分の過去と今、そして未来をつなぐために」行うととらえることもできるでしょう。毎日めまぐるしく過ぎ去っていく学校生活の中では、子どもたちも教師自身も、意識していないと、そのときそのときに起こるできごと（結果）だけにしか目が向かず、自分自身や学級全体としての変化あるいは成長に気づけなくなってしまうことがあります。学級目標や学校目標に照らして一日を振り返り、さらにそれを次の日以降の自分の成長につなぐ。そして、一つ一つのできごとを"点"として終わらせるのではなく、それらを結んで"線"にしていく。そんな営みを重ねることで、子どもたち一人ひとりも、あるいは学級集団全体も成長していくことができます。

3 他を思いやる

　その後、「学級の宝」は形を変えて行うことにしました。当時、子どもたちの多くがみんなの前で話すことに強い抵抗感をもっていました。そこで、私は一人に１枚ずつ紙を配り、その日の日直のよいところを見つけて書くように指示しました。すると、それまで一度も友達のよいところを発表したことがない子たちも、「紙に書くのなら大丈夫！」と友達のよいところを見つけて書くようになりました。また「日直のよいところ」にあわせて、「学級のみんなに対して言いたいこと」も書かせました。そして集まったコメントは、私がパソコンで打ち直し、翌日学級全員に配布しました。

　プリントを配ると、日直だった子はもちろん、日直以外の子どもたちもうれしそうな顔をしていました。そして、それを受けて、その日の帰りの会で再び「日直のよいところ」と、さらに「学級のみんなに対して言いたいこと」をあわせて書かせるということを繰り返しました。「学級のみんなに対して言いたいこと」も最初は「授業中うるさい」「暴言を言わないでほしい」といった否定的なコメントがほとんどでした。しかし、毎日同じことを繰り返していくうちに「自分と同じようなことを思っている人がいてなんだかうれしい」「だんだんクラスの友達のよいところがわかってきた」といった具合でお互いの気持ちがプリントの上で交流されるようになりました。約１か月間続けたところ、最後には「このクラス最高！」「学級の宝が変わってクラスが変わった気がする」といった学級に対する肯定的な言葉がほとんどを占めるようになりました。帰りの会も、教師側のちょっとした意識と工夫で、子どもや学級を変えていく力になるのではないかと思います。

4 徹底反復！ ポイント

> ＊常に目的意識をもつ。
> ＊教師の話は短く。
> ＊「いいね」「ありがとう」で終われるように。

　他の実践同様、帰りの会でも、怖いのはマンネリ化です。教師が帰りの会の目的を見失い、「形だけ」の時間が日々繰り返されるようになると、子どもたちの成長はストップします。だからこそ常に目的意識をもち、必要に応じて「形」も柔軟に変えていくことが大切です。

　また、会にかける「時間」にも注意が必要です。特に、教師の話にかける時間には気をつけたいものです。帰りの会で必要以上に長い話をされることが子どもたちにとってどれほど苦痛か、おそらく想像することは難しくないでしょう。帰りの会での話はとにかく短く。時には、子どもたちに「今日は１分で終わります」と宣言してもいいでしょう。翌日に回せることは翌日に回して、話は手短に終わらせる。そして、約束どおり１分以内で終われば、それだけで教師と子どもとの関係を強化することにもつながるかもしれません。また、何より下校に対する見通しがもてることで、子どもたちも心を落ち着けて帰りの会に臨むことができます。

　そして最後に、帰りの会では「いいね」「ありがとう」を伝え合うことが基本だと思います。もちろん叱ることが必要な日もあるでしょう。しかし、最終的には前向きな気持ちで一日を終えられるように配慮したいものです。「いいね」「ありがとう」。こうした喜びや感謝の気持ちは、子どもたちにとっては自信となり、過去と今、そして未来をつないでいく力となります。子どもたちが"明日も学校に来たいな"という気持ちをもって「さようなら」と言えるよう、最後の最後までたくさんの肯定的なストロークが交わされるような帰りの会をつくっていきたいですね。

（中國）

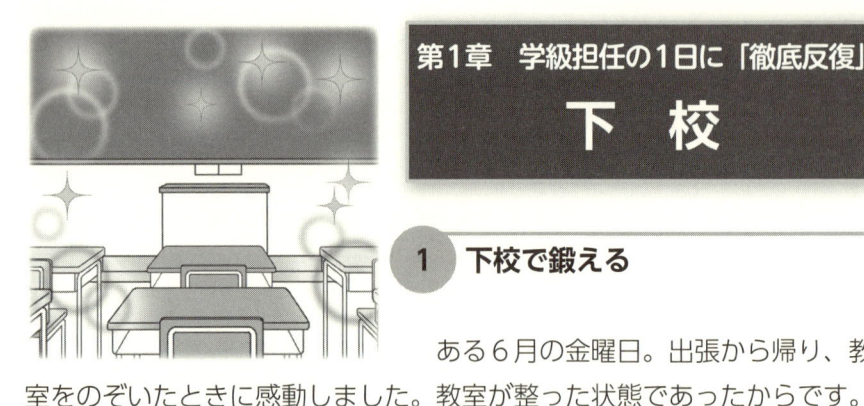

第1章　学級担任の1日に「徹底反復」
下　校

1　下校で鍛える

　ある６月の金曜日。出張から帰り、教室をのぞいたときに感動しました。教室が整った状態であったからです。
　その日は、担任している６年生の子どもたちに「後は任せたよ」と話をして教室を出ました。午後は学年合同の水泳。授業については、同学年の先生が指導してくれるので安心していました。しかし、出張中気になっていたことがありました。下校のことです。水泳の着替えの後、週末なので給食着やシューズを持って帰っているか、机の上に置いていた学年通信やノートが配ってあるか、机が整頓されているか、戸締まりはされているかなどです。子どもたちは係活動や当番活動に自主的に取り組んでいたので、ある程度は「大丈夫」とは思っていましたが、いつもとは異なる水泳の授業の後…。
　教室は心配を吹き飛ばす状態でした。明らかに最後に誰かが動いてくれている。そう直感したため、同学年の先生に確かめました。
「女の子二人が最後まで残ってしてくれていましたよ」
　配り物、給食着、戸締まりや机の整頓などを確認したり、通信を掲示したりしてくれていました。
　担任がいなくても、このように動いてくれた二人の子どもの姿が私の目ざす姿です。このような子どもを増やしていく必要があるので、週が明けた月曜日、みんなの前で真っ先にほめました。

2　自らを磨く

　心がけていることが二つあります。

一つ目が、机を整頓させ、いすを確実に入れて下校することです。

ある年、初任の先生の学級が荒れました。子どもたちが下校した後の教室は机が隣の子とさえそろっておらず、机の上に本や消しゴムが残っていたり、その日使った、あるいは配ったプリントが落ちていたりするなど、ひどい状態でした。一日の教室での子どもたちの状態がそのまま下校の後の教室の状態に反映されていました。

いすを入れることや机をそろえることが、心を育てることになるという強い意識を私たち教師はもつ必要があります。高学年であれば、さまざまな具体的な場面をとおして趣意説明を行い、できていればほめることで習慣化させていきます。

ある年、2年生を担任した時は「命令ゲーム」で、「命令　いすを入れましょう」「命令　立ちましょう」「命令　隣の人と机をそろえましょう」などとゲームを活用して習慣化を図り、「できる」ようにしていきました。3年生を担任した時は係や当番の子どもたちが「さようなら」をする前に「机をそろえましょう」「いすは入れましたか？」などと呼びかけるなど子どもの教育力を活用して習慣化を図り、「できる」ようにしていきました。下校前のほんの少しの行動を楽しく繰り返すことで、確実に自らを磨くことにつながっていきます。

3 他を思いやる

心がけている二つ目が、いわゆる「帰りの会」はできるだけ短くして、気持ちよく帰すことです。初任の時に、「帰りの会をして、子どもたちの思いを聞く時間を作った方がいいよ」と指導を受けました。しかし、自分が子どもの時に「帰りの会」によいイメージがなく、子どもの思いは「早く帰りたい！」だと思う私は、帰りの会をほとんどしませんでした。私以外のクラスではよく見かける「帰りの会」のプログラムを私は掲示したことがありません。

初任の時、隣の6年教室からいつも下校する時に「じゃんけん」という声が聞こえてきました。楽しい取り組みだと思い、自分の5年教室でも行

いました。勝った子から帰すだけでなく、ときには負けた子からやあいこの子からなど変化をつけて取り組みました。

　そのうち、次のような取り組みを教えていただきました。班でじゃんけんをする方法です。６年生でも男女が頭を突き合わせて、何を出すかこっそり相談していると話されていました。このような場面でも子ども同士をつなぐ学級づくりの方法があることを知りました。実際に５年教室でも行ってみました。確かに男女が仲良く相談しています。私が、「聞こえるよ」「何を出すか見えたよ」などと言うと、本当にこっそり話し合っています。相手の考えを聞いたり、お互いの考えに折り合いをつけたりするなど、じゃんけんをとおして、思いやりの心を育てることができます。

　下校前のほんの少しの行動を楽しく繰り返すことで、確実に他を思いやることにつながります。

4　徹底反復！　ポイント

> ＊子どもたちが下校するまで「自らを磨く」「他を思いやる」ための指導をする場面であるという意識を教師がもつ。
> ＊子どもたちの「早く帰りたい」という思いをうまく使って、楽しく、かつ確実にやらせきる指導を繰り返す。

　下校時に指導をしなければならないことを挙げてみます。素早く帰りの用意をする、素早く立つ、元気よく「さようなら」と言う、机をそろえる、いすを入れる、戸締まりをする、電気を消す、廊下や階段を静かに移動する、上履きをそろえる…など。

　これらの指導は何も下校のときだけにしていることではありません。日常さまざまな場面で繰り返し指導していることです。

　そうした指導が「早く帰りたい」「早く遊びたい」と考えている子どもたちに届いているか、子どもたちのものになっているか、確かめる場面が下校の場面だと考えることができます。

　子どもたちが帰った後の教室を見て、教師自身が目ざす教室の姿になっ

ているか。私たち教師がまず毎日確認するという徹底反復が必要だと思います。

　できていなければ指導を加えていきます。しかし、その時には「楽しく」が大切です。下校前に先生に叱られた子どもたちが、次の日楽しく登校してくるでしょうか。ゲームの要素を入れたり、全員ができたら拍手をしたりするなど笑顔になるようにすることが必要だと思います。

　指導が届いているかどうかが試されるのは先生が出張で下校時にいない時です。

　6年生の子どもたちの続きです。11月の出張のときには、先の二人の話をもう一度しました。教室は整った状態でした。さらに、「先生、出張お疲れさま」というメッセージが黒板に書かれていました。1月の出張のときには、「整った」に加えて「美しく」なっていました。複数の女の子が残って、床をふいたり窓を磨いたりしたそうです。

　ある保護者から「このクラスのまま、中学校に行ってもらいたい」と言われたこのクラスは、下校時まで「自分を磨く」「他を思いやる」ことを意識した子どもたちに育っていきました。

　時間にして短いかもしれませんが、必ず下校は毎日あります。繰り返し指導していくことが大切です。

（川上）

第2章

学級経営に生かす「徹底反復」

第2章 学級経営に生かす「徹底反復」
当 番 活 動

1　学級の安定はシステム化から

　学級を円滑に運営するためには、当番活動は必要不可欠です。学級は一つの集団です。集団としての機能を充実させ、運営させていかなければなりません。一人ひとりが自由にするのでもなく、だれかに負担が偏ってもいけません。「子どもの主体性」という言葉に甘え、教師が何の手立ても打たなければ、まさに「形なし」です。型（システム）を作ることから、児童が創意工夫するようになることを期待したいところです。しかし、全員に定着させることは難しいです。そこで、次のような取り組みをします。

黒板にメッセージ①　―　「自分の当番を確認しましょう」
黒板にメッセージ②　―　「自分の○○を確認しましょう」
黒板にメッセージ③　―　「そろそろ、メッセージがなくても大丈夫かな？」

　活動が軌道に乗るまで、教師による手立てや確認が必要となります。「どのようにすれば、全員ができる？」を考え、学級の子どもに応じた手立てを考えましょう。

2　自らを磨く

　当番活動とは、学級全員が果たす活動です。そこに「甘え」や「怠け」は許されません。自らが果たすべき役割に責任をもち、学級全員がやりきることが重要です。
　そこで、次のような姿になることをレベルとして示します。
　レベル１　登校して来たら、かばんを置いて自分の当番の確認。
　レベル２　自分の当番活動をこなす。

|レベル３| こだわりのある当番活動をする。
|レベル４| 万が一忘れていたら、素直に「忘れていました」と言える。
|レベル５| 活動をしている友達に声かけができる。

3 他を思いやる

①周りから見られていると思わせる評価
　給食後の台ふきをしてくれている子がいれば、「〇〇君、今日もきれいにしてくれてありがとう」と言います。すると、そこに、「さすが、〇〇君」と反応する子がいたら、すかさず全員を注目させます。「みんな、△△君が〇〇君にすてきな声かけをしていました。がんばっていることにそのような声かけをしてくれると気持ちがいいね。拍手！」など、当番活動をした子だけでなく、そこに評価した子を結びつけます。

②活動を発展させるための評価
　黒板係の子が、美しく消してくれることがあると思います。「黒板がとてもきれいだから、書く字もきれいになるね。ありがとう」と、個に対して評価をし、「同じ仕事をするのにも、このように仕上げることを『こだわり』と言うんだよ。他の仕事にはどんなこだわりができるかな」と、学級全体に理想の姿をイメージさせます。あとは、そこに反応する子を見つけ、全体に発信します。

　当番活動とは、一人ひとりが学級のために果たす最低限の役割です。しかし、それが「して当たり前」になると、子どもたちの活動に張りがなくなります。当番活動という「当たり前にしなければならない活動」を、子ども自身が「主体性をもって取り組む発展した活動」としたいものです。そして、「他人に喜んでもらう幸せ」を感じてもらいたいです。そのために必要なのが「評価」です。

　仕事を「こなす」ことを「理想」とせず、任された仕事に「工夫を入れ、やりがいを感じながら働く」ことを「理想」とさせたいものです。

4 徹底反復！　ポイント

*当番チェック表の作成（図１）
*児童主体の自治的な活動に。
*学級実態に応じて、固定型（図２）と輪番制（図３）を使い分ける。

　子どもたちの当番活動を毎日教師がチェックをすると、大変な労力になるだけでなく、子どもたちを叱るネタになってしまいます。そこで、「当番チェックの仕事」と「帰りの会での確認」を行います。

　まず「当番チェックの仕事」は、当番活動の中に「当番チェック」を作ります。子どもによるチェック機関を作ることで子ども同士の声かけができます。

　しかし、声かけをすれば全員がもれなく仕事をするとは限りません。むしろ、そういった声かけに応じられない場合も十分考えられます。そこで、「帰りの会での確認」です。会の中で図１の表を使って確認させ、できていない子には、「なぜ、できなかったのか」「次からどうするか」を全員の前で宣言させます。

　また、仕事がなかなか定着しないような学級実態の場合、段階的な手立てとして、固定型の役割で仕事を毎日の習慣にさせる方法もあります。定着してきたようであれば、輪番制へと移行するというステップも考えられます。

（砂走）

第2章　学級経営に生かす「徹底反復」──　当番活動

図1　当番のチェック表

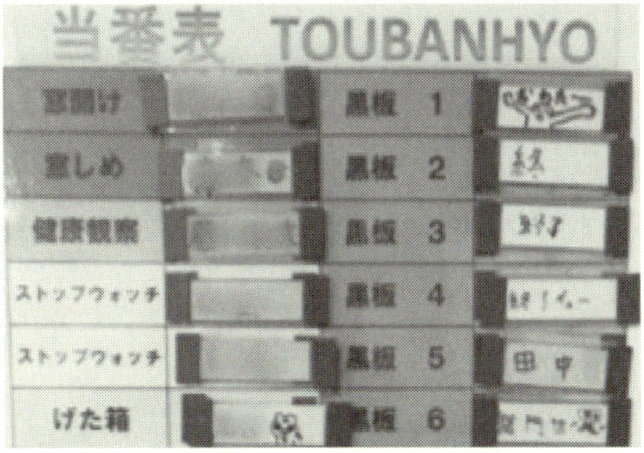

図2　固定型

表　名前 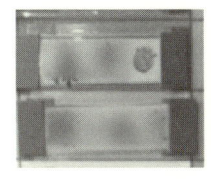　　裏　終了

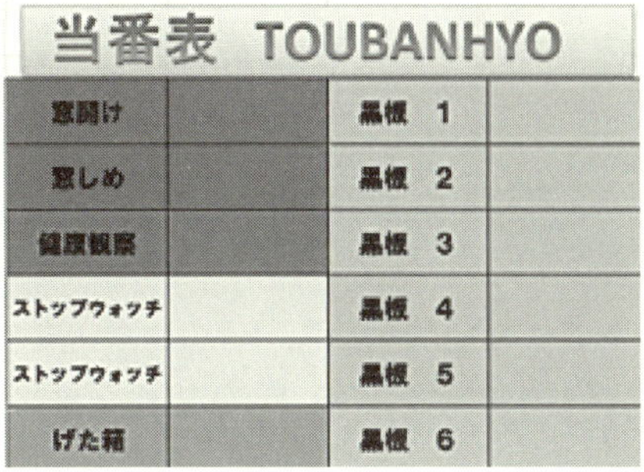

図3　輪番型

59

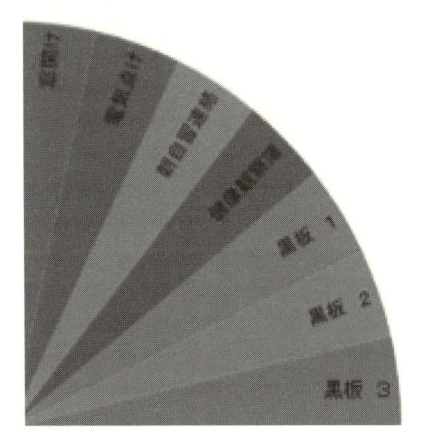

第2章 学級経営に生かす「徹底反復」
係 活 動

1 会社設立で創意工夫と自立を

　係活動と当番活動は異なります。当番活動は学級で生活していくうえで必要不可欠な仕事（給食や掃除など）をみんなで分担して行うものです。一方、係活動は学級をよりよくしていくために各自が創意工夫して行うものです。ここでは、子どもたちが係活動に意欲的に取り組める「会社」活動を紹介します。

　まず、各自がやりたい仕事を考え、企画書を書きます。企画書には、①会社名、②会社の目標（約束）、③具体的な仕事（活動）内容、④必要人数を記入します。

　次に、企画書をもとに学級でプレゼンを行い、会社を設立します。その際、一人でできない会社の場合、「社員」を募集します。やってみたいと思った人は、プレゼンをした「社長」のところに面接に行き、やる気をアピールします。社長はやる気のある社員を採用します。（定員より応募が多い場合、学級実態によっては、トラブルを防ぐためにじゃんけんで決めます）なお、同じ職種が複数存在する場合、そのままやってみるのか、または合併するなどして一つにするのかは、学級の子どもたちに判断させます。注意しておかなければならないのは、「無職」の児童です。自分が何をしたいのかわからない、あるいは、入りたい会社はあるけど苦手な友達がいて入れないなど、何らかの理由があります。よく話を聞いて対応する必要があります。

　最後に、会社紹介のポスターを作って掲示します。企画書の①〜③に加え、メンバーの名前や、いつ、だれが、何をするのかといった細かい活動計画なども載せます。ここまでを学級会などの時間に行います。（ポスター作りが間に合わない場合は、休憩時間等を利用して作ってもらいます）

あとは、各会社の活動を見守り、必要に応じて指導していきます。

教師の働きかけとして、子どもたちが自らを磨き、他を思いやりたくなるような場や仕掛けを用意することが大切です。そこで、会社への評価を行うことで、子どもたちのレベルアップを図っていきます。

会社活動の評価として、月に1回程度、子どもたちへ「お客様満足度」アンケートを行います。子どもたちが各会社の仕事ぶりにどの程度満足しているかを、5段階で評価させます。また、コメント欄を設け、よい点や改善した方がよい点を書いてもらいます。

アンケートの得点を平均し、3.5以上を1つ星、4以上を2つ星、4.5以上を3つ星の会社として表彰します。ポスターに星形のシールを貼るなどの演出をすることで、子どもたちのやる気アップにつなげることができます。

2 自らを磨く

子どもたちは、お互いに評価し合うことで、お客様満足度を上げるために何をしたらよいか考えます。そして、自分たちの活動をよりよいものにするため、創意工夫を始めます。コメントを参考にしながら、改善を図ろうとする子どもも見られます。その姿をしっかりとほめることで、会社活動だけでなく、それ以外の場面でも自らを高めようとする動機づけになります。

それぞれの会社の中で、ほとんど仕事をしていない児童がいる場合もあります。自分が何をしたらよいのかがわからない児童もいれば、単にさぼっている児童もいるかもしれません。教師は各会社の活動状況について、様子をみたり、話を聞いたりしながら把握する必要があります。そして、一人ひとりが自分の役割をもてるように仕事の割り振りの見直しをさせたり、責任をもって自分の仕事をやりきるように指導したりしていきます。ただし、いつまでも教師が働きかけるのではなく、子どもたちが互いに働きかけができるようにしていくという視点をもっておくことも重要です。

3　他を思いやる

「お客様満足度」を上げるには、相手の立場に立って考えることが必要です。以前、6年生の担任をしていたときのことです。「配り会社」の子どもたちは、「自分たちが配ってもらう立場だったら…」と考えました。そして、「はい、どうぞ」と言いながら、ノートやプリントの向きにも気をつけて、丁寧に渡すように改善しました。その結果、満足度は大きく上がりました。「情報発信会社」の子どもたちは、どんなコーナーがあったらよいか、学級の友達にアンケートを取りました。できるだけみんなに喜んでもらおうと、いろいろな意見をうまく取り入れて、一つのコーナーを作りました。これが大人気で、この会社は3つ星を獲得することができました。

　他を思いやり、奉仕し、喜んでもらうこと。これが働くことの醍醐味だと思います。「相手が喜んでくれることがうれしい」そう思える子どもを育てたいですね。

4　徹底反復！　ポイント

> ＊PDCAサイクルの確立を。

　PDCAサイクルとは、Plan（計画）→Do（実行）→Check（評価）→Action（改善）の一連の流れを繰り返し、継続的に業務改善を図っていくものです。このサイクルが確立できれば、会社活動は順調に行われていきます。そのためには、まず子どもたちにとって魅力的な会社（仕事内容）であることが重要です。教師が会社の例を挙げることで、子どもたちのイメージも膨らみます。「P（計画）」の段階では、活動が具体的で一人ひとりにきちんと役割が与えられているかを確認します。「D（実行）」の段階では、各会社の活動状況を把握し、必要に応じて指導します。「C（評価）」の段階で、自己評価や他者評価の力をつけさせ、「A（改善）」の段

階で、自分たちの活動をより高めていく努力をさせるようにします。これらが軌道に乗るまで、粘り強く指導していく必要があります。

(島田)

資料1

企画書

会社名

会社アピール（この会社があるとどんなよいことがあるのか。）

活動内容（いつ、どこで、どのようなことをするのか）

会社マニフェスト（みんなとの約束）

必要人数　（　　　）名

企画者 _____

資料2

（会社名　　　　　　　　　　　　　　　）お客様満足度アンケート

　　　　　　　　　お名前（　　　　　　　　　　　　　　）

当社の活動の様子はいかがでしょうか。1〜4のいずれかに○をつけ、理由をお答えください。

　　　　　　　　　1　　2　　3　　4
　　　　　　　　悪｜　　｜　　｜　　｜良

理由

改善してほしいところ

第2章　学級経営に生かす「徹底反復」
掲　示

1　掲示を見れば学級が見える

　　　　　　　　年齢を重ねるにしたがい、さまざまな先生方の授業を見せていただくことが増えてきました。その中で実感として感じられたのは、「学級経営力の高い先生が担任の学級は、掲示が美しい」ことが多いということです。たかが掲示と思われるかもしれませんが、意外と奥が深いものです。ただ貼ればいいというものではありません。貼った後の掲示物から整然とした雰囲気が漂い、鑑賞が楽しくなるものにしたいと思います。

　児童が描いた絵を掲示板に貼るとき、だんだんと曲がっていってしまったことはありませんか。貼り終わってから全体を見てがっかりという経験は誰もがもっていると思います。例えば、曲がらないように、重りをつけた糸を垂らして垂直をとるなど、さまざまな方法がネット等で紹介されています。

　また、絵同士を隙間なくくっつけて貼ると、どうにも窮屈な印象になります。意図的にくっつける場合の他は、少し隙間を空けて掲示するとスッキリします。しかし、この隙間も広かったり狭かったりと、なかなかうまくいきません。そこで私の場合は、大工道具の「差し金」を愛用しています。

　まず、1枚目を水平、垂直に気をつけて貼ります。このときは上部2か所のみを留めます。その1枚目に「差し金」をあてがい、その隣に2枚目を貼ります。「差し金」の幅は約1センチ。いつもその幅だけ隙間が空きます。次々に「差し金」を当てながら上部2か所だけ画鋲で留めていきますが、やはりときどき手を止めて全体を眺めてみます。もし、修正が必要な場合になっても、2か所留めならすぐに直せます。そして全部貼り終

わったら、下部2か所を留めていきます。これは児童に手伝ってもらってもいいですね。

その他、学校便り等の通信類、お知らせのポスターなどもありますが、基本的には水平・垂直を意識して貼っていきます。また、児童が行き交う教室横の壁際の掲示は、頑丈に貼ることも重要です。

2 自らを磨く

児童が掲示物を作る場面があります。例えば係活動のポスターなどです。係名、メンバー、目的、活動内容、友達への呼びかけなどが書かれていると思います。このポスターを描くとき、やはり主体的に参加させたいと思います。字や絵が得意な子が描くばかりで、何もしない子がいるような班には声をかけます。「自分はこのポスターで何を伝えたいのか」「この係でどのような役割を果たそうとしているのか」を考えさせます。無自覚なままポスター制作にあたらせるより、係としての自覚を育てる場になります。

3 他を思いやる

そして「何のためにこのポスターを描くのか」を考えさせる場にします。掲示の根本に関わる部分です。多くの子は、自分が描きたいことを描こうとします。しかしポスターは相手へ伝えるために作るものです。どのように描けばわかりやすいか、字の太さや背景の色などは見えやすいかなど、常に相手の立場に立った書き方を意識させます。例えば、白い紙に黄色い文字を書いている子がいたら、「ちょっと紙から離れて見てごらん」と声をかけ、読みにくいことに気づかせます。色を変えるか、黄色の文字を縁取るなどの対策を教え、直したらもう一度紙を離して見せます。「この方が読む人にとってわかりやすい」という体験を積ませます。

また、授業を拝見していて寂しい気持ちになるのは、はがれかかった掲示物に出会うときです。そのような掲示物があっても気づけない、行動できない児童集団だからです。また担任の先生にも余裕がないのでしょう。

気づかせ、行動を起こし、そしてほめる。ほめてもらえたからまた気づき行動できる。この正のスパイラルを起こしていきましょう。

4 徹底反復！ ポイント

> ＊整然と貼られた掲示を絶対的に維持する。はがれ、破れは見つけたら即、補修する。
> ＊教師だけでなく、児童にも掲示物を美しく維持する気概をもたせる。直している児童がいたら確実に評価する。

　4月はほとんどの掲示を教師が準備し、掲示していると思います。しかし、3学期になってもそのようなことでは、児童の主体性を育てているとは言えません。児童の育ちを教師が奪っていることを自覚するべきです。目の前の子どもたちを見て、どのくらい任せても大丈夫かを判断し、どんどんやらせてみましょう。もちろん失敗することもあります。それをまた糧にしてやらせればよいのです。教師がするべきは、自分でやってしまうことではなく、児童がやりたがるような環境を用意することです。画用紙や模造紙、色ペンなどの筆記具、工夫が楽しくなる折り紙やマスキングテープ、糊やボンドなどを用意して、いつでも使えるようにします。また、最大の教育環境は教師自身です。先生が積極的に児童に任せ、よき大人として指導し、できた掲示をみんなに紹介して見せ、さらに楽しい掲示が作られていく、このような好循環を生み出す要として教師の存在は大きなものがあります。

(山根僚)

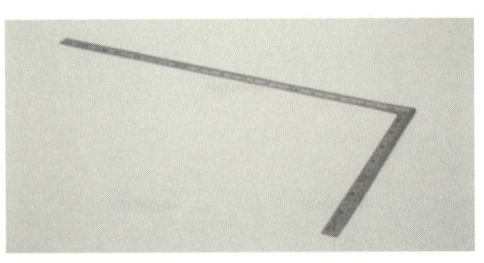

資料　差し金

第2章　学級経営に生かす「徹底反復」　──　掲示

差し金を使った背面掲示

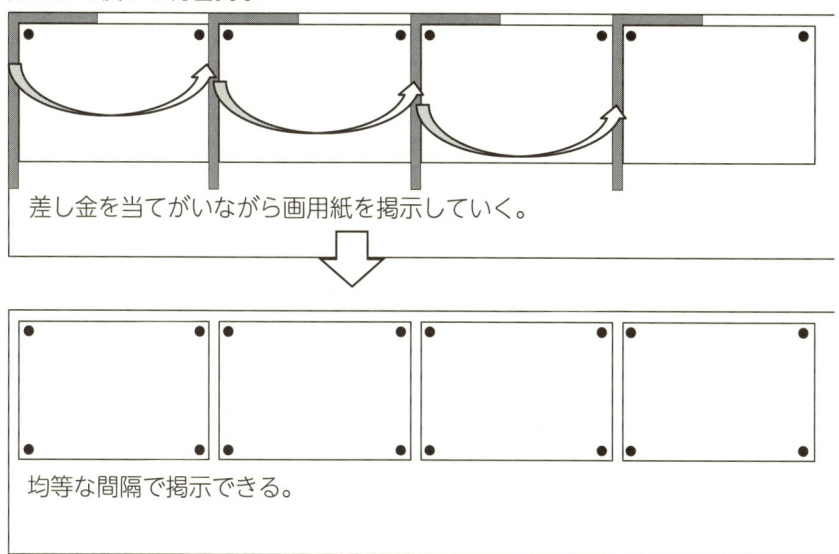

差し金を当てがいながら画用紙を掲示していく。

均等な間隔で掲示できる。

空きロッカーなどにかごを入れ、道具を用意しておく。
　「使用するときは先生の許可を得る」など、ルールを明確化する。

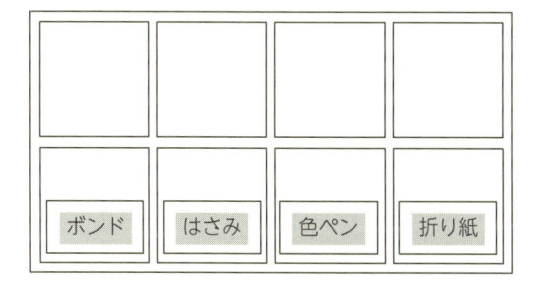

ボンド　はさみ　色ペン　折り紙

第2章 学級経営に生かす「徹底反復」
机 の 配 置

1　机の配置を指導局面で使い分ける

　みなさんは、机の配置を何種類くらい使い分けていらっしゃいますか。私は全部で5種類の机の配置を使い分けています。授業は生き物です。指導局面ごとに、適切な机の配置があるはずです。教師は、その局面を瞬時に見極め、素早く子どもに指示を出す技術が必要だと思います。

　私は、机の配置の呼び方を、「フォーメーション」をつけて呼んでいます。なぜ、このような呼称を使うかというと、呼び方がかっこよく、子どもたちが素早く反応するからです。次にA〜Eフォーメーションがどのような配置になるのか、以下に示します。

Aフォーメーション
普通の配置です。

Bフォーメーション
百人一首など、ペアで活動するときに使います。

Cフォーメーション
班活動のときに使います。

Dフォーメーション
討論のときに使います。

第2章 学級経営に生かす「徹底反復」── 机の配置

Eフォーメーション
テストのときに使います。

2 自らを磨く

　机の移動は素早く行わせます。このとき、よくある子どもの行動が、しゃべりながらゆっくり机を動かすというものです。これでは、全体の動きが著しく遅くなり、授業のテンポを害します。何より、子どもが机の配置替えにおいて、自分自身を磨いているとはいえません。
　そこで私は、金大竜先生の指導法を追試しています。子どもには、「終わりは始まりだよ」といつも教えています。机の配置替えの場合、配置替え後、必ず教師の指示があるはずです。つまり「終わりのあとには必ず始まりがあります」と、何度も繰り返し指導していきます。この指導に慣れてくると、子どもたちは素早く配置替えをし、姿勢を正して教師の指示を待つようになります。全員がそろったところで、教師は次の指示を出し、スムーズに次の局面に移ることができることでしょう。

3 他を思いやる

　BフォーメーションとCフォーメーションは、個人で学習したことを友達に伝えるのに最適な配置であるといえます。この配置を十分に活用し、友達に自分の考えや思いを伝えたり、友達からさまざまな考え方を学んだりして、お互いに成長できる学びをしていってほしいものです。
「日本一ハッピーなクラスのつくり方」明治図書　金大竜著
「子どもも先生も思いっきり笑える　爆笑授業の作り方72」黎明書房　中村健一編著

4 徹底反復！　ポイント

> ＊机の配置パターンを、最低5種類はもっておく。
> ＊それぞれの特性に応じて、局面に応じて使い分ける。
> ＊机の配置を替えるとき、替えた直後の子どもの姿を常に観る。

　机の配置パターンは、最低5種類必要だと思います。さまざまな指導局面に応じて、机の配置をうまく使い分けることができるように、何度もやってみるとよいと思います。また、授業スタイルに応じて、新たな机の配置も思いつくかもしれません。どんどん新たな机の配置を開発されていってはいかがでしょうか？

　私は、ワークショップ型の授業をすることが多いです。ペアや班で話をさせることは、自分の考えを伝えたり友達の考えを聞いたりしながら自分の考えを深めるうえで、効果が高い学習法であるといえるからです。そのたびに、BフォーメーションやCフォーメーションをよく使います。大切にしている点は、次の2点です。まず、「Cフォーメーションにしましょう」と声をかけた後、子どもたちが素早く机の配置を替えられるかどうかです。もう一つは、机の配置を替えた後、素早く教師の話を聞ける態勢になっているかどうかです。この2点を見逃さないようにしましょう。そして、素早く机を動かしている子、机を動かした後に素早く教師の話を聞ける態勢になっている子には、「なんで○○さんはそんなに速く動けるのかな！　すごいな！！」と言い、徹底的にほめてやりましょう。その子の自尊感情が高まり、もっとやる気になるでしょう。また、他の子はその子をまねしようと思い、行動が速くなってきます。個人でできてきたら、今度は班をほめてやります。班員同士の連携が高まり、班としての行動が速くなってきます。

（山根大）

第2章 学級経営に生かす「徹底反復」── 机の配置

資料
○あなた流の机の配置を考えよう！

名称：	名称：
名称：	名称：
名称：	名称：

71

第2章　学級経営に生かす「徹底反復」
宿題提出

1　教師も児童も苦しんでいないか

　　　　　　　　　　学級によってその量には多少の違いがあるものの、宿題は必ず存在していると思います。そして、宿題に取り組ませるからには特別の場合を除いて必ず提出させているはずです。ここでの問題点は3点。共通するのは「そろわない」ことです。

①提出がそろわない。やってきているのに提出せず、友達とのおしゃべりに夢中になったり、外に遊びに行っていたりして、提出を忘れてしまう。
②積み重なった提出物がそろわない。乱雑に提出してしまう児童が多く、教卓の上がぐちゃぐちゃになっている。
③全員の宿題がそろわない。提出率100％など皆無。必ず宿題をしてこない児童がいる。

　これらの「そろえる」は大変重要な指導となります。できればやりたくないと感じている宿題をきちんと提出できるようにするためには、児童の実態を見極め、どの指導が必要かを判断しなければなりません。

2　自らを磨く

　宿題はできればやりたくありません。でも教師は児童に「自らを伸ばすために、意欲的に取り組むようになってほしい」と願っています。そこまでいかなくても、やらなければならないことにはきちんと向き合えるようにしたいものです。

①提出のルールが徹底できているか、また、そのルールは妥当か、もう一度見直してみましょう。きちんと提出できていない児童を見逃していないでしょうか。まず、朝の職員室での仕事は早く済ませ、教室へいるよ

うにします。よく提出しない児童は見当がつくはずですから、その児童を中心に観察します。提出していない事実があれば、即、声をかけます。これを繰り返すことで、児童の中で「きちんと出さなければならない」という意識が育ちます。また、当たり前に提出ができない児童ができるようになるためには、宿題を出すことによる達成感を味わわせていくことが効果的です。例えば、出していない児童に声をかけている友達もいるはずです。そんな子は「君のおかげで宿題がきちんとそろっています。ありがとう」と、しっかりほめてあげましょう。声をかけられた児童には、「〇〇さんのおかげで、宿題が提出できましたね。素直に聞けていたのが素晴らしいね」など、肯定的な声をかけます。そうすることで次第に、提出すべき物をきちんと提出しようとする強い心をもった児童を育てることができます。

3 他を思いやる

②宿題は「先生に見ていただくもの」です。先生への感謝の心をもって提出してほしいものです。しかし、「自分に感謝しろ」と言う教師はいないと思います。（もし、児童との人間関係が成熟していれば言っても大丈夫ですが…）そこでまず、ノートの角をそろえて提出することのよさを考えさせます。「次に出す友達が出しやすい」「宿題調べ係がチェックしやすい」などが出されると思います。さらに「先生が見るときに見やすい」という意見が出てくればしっかりほめましょう。次第にプリントを出すときにトントンとそろえてくれる児童が現れます。それをさらにほめます。ノートの束を先生の机まで運んできてくれる児童も現れるでしょう。驚きをもって満面の笑みでほめてあげましょう。そうすることで、宿題を乱雑に出す子は減り、「先生へ感謝」して宿題を提出する児童が増えていくようになります。さらに、「先生に見ていただくもの」であるなら、丁寧な字で書こうとする態度も育てたいものですね。

4 徹底反復！ ポイント

＊そろえることを意識させる。
＊できるだけ教師の手をかけずに済むシステムづくり。

　宿題がそろわない学級には、そろわない理由があります。多くは、そろえるためのシステムが無いか、十分機能していないことが挙げられます。まずは宿題がそろうようなシステムを構築しましょう。

　私は、学級の係活動の一つとして、「提出物係」をつくっています。毎日の宿題である「音読」「漢字」「計算」「日記」について、それぞれ一人ずつ児童を配置し、4名体制で構成しています。それぞれに名簿を手渡し、提出された宿題をチェックしてもらいます。チェック後、朝の会までに担任へ名簿を提出してもらいます。

　まず、提出時刻の期限を明確にしましょう。私の学級では、始業時刻（＝朝の会が始まる時刻）までに提出することにしています。この時刻までに提出されていなければ、忘れ物として処理します。

　次に宿題の中身です。ただ提出しさえすればよいと考えると、やってもいないのに"とりあえず"係のチェックを通過するために提出する児童が現れます。

「音読」は、音読カードに読んだページと自己評価が書いてあるか
「漢字」は、昨日までの「先生からの赤ペン」が確実に直してあるか
「計算」は、答え合わせを済ませ、間違い直しまで終わっているか
「日記」は、規定量を書けているか

など、宿題に丁寧さを備えているかをあわせてチェックさせます。

　右ページの「提出物調べの書き方」は、係が名簿を綴じているファイルに貼っている書き方見本です。このように、ちゃんと提出すれば○、忘れたり、未提出だったりすれば×、不十分であれば△、その後ちゃんと提出できれば赤で○など、具体的に指示しています。

　基本は、「まじめにちゃんとやってきた児童」が損をしないようにすることです。宿題をさぼり、それが見逃され、結局しないで済んでしまえば、

第2章 学級経営に生かす「徹底反復」── 宿題提出

だれもやろうとは思わないはずです。当たり前のことを当たり前にやっている児童こそ、大切にされるべきです。理由無く宿題未提出の児童には100％声をかけ、確実にやりきってもらいます。これは教師の責任において取り組みます。チェックを児童にしっかりしてもらっている分、ここに教師のエネルギーを注力することができるのです。最終的には、名簿の全ての△と×に、赤の〇がつくよう、粘り強く指導していきます。

最後に。宿題は可能な限りその日のうちに返却します。指導は「即時」が原則だからです。

(山根僚)

資料

提出物調べの書き方

	平成　年度 　　年生 学級名簿	割り算の筆算①	割り算の筆算②	
		4/8	4/9	←日付を忘れずに
1	＊＊　＊＊	〇	〇	←8:15までにちゃんと出した人
2	＊＊　＊＊	×	×	←やっていない。忘れた。8:15までに出さなかった。
3	＊＊　＊＊	⊗	△	←△や×だったけど、後からちゃんとやって出した。
4	＊＊　＊＊	△	△	←やっているけど、全部やっていない。答え合わせをしていない等。
5	＊＊　＊＊	休	休	←欠席。または欠席の次の日で、宿題ができなかった。

上の欄：宿題のタイトルを書く

第2章 学級経営に生かす「徹底反復」
忘れ物

1　忘れ物で信頼関係を築く

　毎日、どのクラスでも忘れ物をした子どもに対して指導が行われています。全国、どの教室でも見られる当たり前の風景です。「こんなに毎日指導をしているのに、どうして忘れ物が減らないの」と嘆かれている先生も多いでしょう。しかし、こう考えてみてはどうでしょうか。
「忘れ物はなくならない」
　確かに忘れ物はよくないし、減らしていくべきです。どんなに担任ががんばっていても、性格や家庭の事情により忘れ物をする子どもはいます。結局、忘れ物指導は、個人をターゲットにした指導になり、周囲の子どもにも悪い影響を与えてしまいます。
　忘れ物の指導には、次の３つの場面を押さえることが大切です。
①忘れ物をした場合どうするのか。
②忘れ物をした友達にどのように接するのか。
③忘れ物を減らすためにどうするのか。

2　自らを磨く

　私は基本的に、忘れ物に関しては叱りません。子どもたちは忘れ物をしようと思って忘れ物をしているわけではないからです。「やばい。どうしよう」と思っています。そして、「叱られたらいやだな」とほとんどの子どもが思っています。こう思わせてしまっては、もはや指導はとおりません。子どもたちは、いかにして「叱られないか」に重きを置いて行動をしてしまうようになります。そこに成長はありません。

①忘れ物をした場合どうするのか。

　いちばん大切なのは、先生への「報告」です。とにかく「報告」をさせます。仕事をしていて、忘れ物を「まあいいや」と放っていてしまっていては、仕事人として失格です。すぐクビでしょう。忘れてしまったことの報告をすることで、手立てを考えたり、代わりを用意してもらったりすることができます。報告の仕方もきちんと指導をします。

　「○○を忘れました。（　　　　　　　）をします」

　（　　　　　　　　）には、「△△さんに見せてもらいます」など、代替措置をきちんと考えて、報告する言葉が入ります。１年生の場合は、「○○を忘れました」だけでもよいでしょう。しっかり考えさせることが大切です。「報告」をするということは、子どもと教師との信頼関係を築くことになります。それに、何より、「忘れ物をしたことをきちんと報告できる」ことが忘れ物をした子自身の周囲への信頼を高めていくことにもなります。

　そして、教師は予備をいくらか用意をしておき、それを貸すのです。そうすることで、子どもの学習権の保障をします。忘れ物の指導と学習指導を同じ土俵で考えてはいけません。貸したり与えたりすることで、子どもは教師からの愛を感じるのです。私はマスクを忘れ続ける子どもに、マスクを大量に用意をしたことがあります。その子は、申し訳なさそうに受け取るのですが、うれしそうでもありました。しかし、忘れ続けました。何回も繰り返していくうちに、忘れなくなりました。きちんと自分で管理できるようになったのです。教師の愛が伝わり、信頼関係が深まった瞬間でした。

3　他を思いやる

　友達が忘れ物をしたときが子どもたち同士の人間関係を円滑に構築するチャンスです。つまり、そのチャンスは毎日転がっています。「②忘れ物をした友達にどのように接するのか」を考えさせることが大切です。「見せてあげる」という意見が大半でしょう。その行動を、教師が指示をする

のか、子どもたち同士で考えさせるのかで大きな差が生じます。また、忘れた子が見やすいように見せ方を工夫していたり、見せてもらっている子に迷惑にならないように見ていたりする場合は、しっかりと称揚することができます。「思いやり」が広がり、子どもたち同士の信頼関係も深まるでしょう。

4 徹底反復！ ポイント

①の「先生に報告をする」は、どんなに小さな忘れ物であっても、必ず報告をするようにします。授業の始めに、教科書やノートなど、忘れ物がないか、チェックをします。教師が前に立って、横目で流す程度で大丈夫です。すると、報告がないのに、平然と机に座っている子どもが時々います。ほとんどが報告を忘れてしまったのだと思うのですが、報告をしないことをそのままにしておくと、その雰囲気は学級全体に広がり、指導がとおらなくなります。

「まだ忘れ物を報告にきていない人がいるね」と全体に語りかけ、報告に来させます。そして、本来なら準備時間や休み時間に報告に来ることを、その子と再確認をします。それでも、なかなか難しい子もいると思います。気長に、そのときそのときに徹底反復をすることで、少しずつ改善をしていくでしょう。

今回は③忘れ物を減らすためにどうするのか、については深く述べることができませんでした。あえてポイントを述べるのならば、「自分で考えさせる」ということになります。「どうしたら忘れなくなるかな」と問いがちですが、それでは、自分の忘れてしまった行動を反省するに至りません。「今回はどうして忘れてしまったのかな」と問うことで、子ども自身が、忘れ物をするに至った行動を省みることができ、次につながります。

忘れ物をすると、学習を進めることができないということは絶対に避けなくてはなりません。前述したように「忘れ物指導」と「学習権の保障」は別物だからです。常に、代わりの物を用意しておきましょう。これは、教師自身の子どもたちや授業に対する姿勢への「徹底反復」ということに

なるでしょう。　　　　　　　　　　　　　　　　　　　　（松森）

鉛筆、赤青鉛筆をたくさん用意しておきます。ミニ定規もあります。

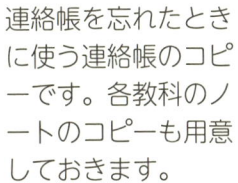

連絡帳を忘れたときに使う連絡帳のコピーです。各教科のノートのコピーも用意しておきます。

下敷きも10枚程度用意しておくとよいでしょう。

第2章　学級経営に生かす「徹底反復」
席　替　え

1　意図や目的に応じた席替え＝効果的な学級経営

「新しい月になったから席替えしようよ～！！」

　毎月初めごろ、こんな言葉を子どもたちから聞くのではないでしょうか。もしかしたら、仲のよい友達と隣になるかも…、好きな子の隣になるかも…。席替えは、子どもたちにとって、とても楽しみな毎月のイベントと言えます。

　子どもたちだけでなく、担任にとっても学級経営で大切なイベントの一つだと思います。子どもたちの気持ちを新しくさせる、人間関係を把握する…など、意図や目的に応じて実施することで、効果的なものになります。

　席替えの仕方はいろいろありますが、子どもたちの自由度で比べると以下のようになると思います。

・出席番号順、担任が決めた席
・くじ（担任が決めた席であるが、子どもたちはくじで決定したと思っている）
・お見合い形式
・くじ（自由に）
・子どもたちの話し合い

子どもたちの自由度　低い⇔高い

　子どもたちの「自由度が低い」席替えは、年度初めや担任に目的がある場合に多く用いられ、「自由度が高い」席替えは、子どもたちの心の成長を見取る場合に用いられます。ずっと強制では子どもたちはしんどいでしょうし、反対に、すぐに自由に決めさせては学級崩壊になる危険性があ

第2章　学級経営に生かす「徹底反復」──席替え

るでしょう。要は、それをただ単にするのではなく、担任が学級経営のイメージをもち、計画的に行っていくことが大切だと思います。

② 自らを磨く

　席が隣になる人の確率はどれくらいでしょうか。例えば、30人学級であれば、30分の1の確率です。1年が11か月（8月を抜く）とすると、隣にならない友達もいるわけです。また、席が隣の人とは、ペアトークやグループトークをしたり、班活動でも関わりがあったりして、一緒に学ぶ機会が多いのです。そう考えると、席が隣になったことへの奇跡に感謝し、なおかつ、その人と共に学ぶことにも感謝しなければいけないと思います。

　そこで、席替えをする前には、出会い、共に学べたことに感謝し、「ありがとう」と言って別れます。また、席替えをした後は、席が隣になった新しい友達との出会い、これから共に学ぶことに感謝し、「よろしく」と言って新しい席での生活をスタートさせます。そうすることで、互いに感謝の気持ちをもつことができ、学級全体がよりよい学習集団になっていくと思います。また、「ベストペア賞」や「ベストグループ賞」などを設定することで、互いに切磋琢磨したり、助け合ったりするよさを実感させるのもよいでしょう。

③ 他を思いやる

　席替えをするときには、絶対に守らせるルールを示しておく必要があります。それは、絶対に「ええーっ！」や「なんでーっ！？」、「〇〇ちゃんとがよかった」という否定的な言葉を言わないということです。もちろん、隣になれなくて残念という気持ちや相性の悪い人の隣になってしまったという嫌な気持ちもあるかもしれませんが、学級が学習集団である以上、他に思いやりのない言葉を出させてはいけません。もし一人でも言った場合、すぐに元の席に戻したり、出席番号順にしたりするなど、子どもたちの自由度がない席替えにすることでペナルティーを与え、指導を入れます。

否定的な言葉を発することを防ぐために、席替えをした後はみんなで「やったー！」「イェーイ！」と言うルールを作っておくとよいです。

4 徹底反復！　ポイント

> ＊定期的、計画的な席替え。（意図や目的に応じた席替え）
> ＊共に学べたこと、学ぶことへの感謝の気持ち。
> ＊席替えのルールの順守。

　忙しく日々を送っていると、席替えをついつい行わなかったり、行ってもそこに担任の意図や目的がないままに行ったりしてしまうことがあると思います。しかし、担任が席替えの効果を自覚し、意図的に行うことは、よりよい学級づくりにつながると思います。

　定期的、計画的な席替えをするために、例えば「毎月第1月曜日にする」のように月々のルーティンワークにしたり、「1学期は担任が決め、2学期にはお見合い形式で行い、3学期には子どもたちで決めさせてみよう」のように年間を見通して大体どのように仕組んでいくか年度初めに考えておくとよいのではないでしょうか。そのうえで、学級の様子を見ながら、柔軟に席替えを実施していくとよいと思います。

　また、子どもたちへ「感謝の気持ち」をもたせることと「ルール」を守らせることは徹底して指導していく必要があります。いくら担任が意図や目的をもって席替えを仕組んでも、子どもたちにその意識がなければ、相乗効果にはつながりません。席替えをするときに、きちんと指導をし、徹底することで担任にとっても、子どもたちにとっても、よい席替えになると思います。

（原田）

第2章　学級経営に生かす「徹底反復」——席替え

ベストペア賞・ベストグループ賞　賞状例

ベストペア賞

_____くん・さん

あなたは、隣の席の_____くん・さんと
よりよい考えを出したり、協力したりして
自分たちを高めようとがんばりました。
次の席でも、さらに自分を高めてください。
すばらしい！！

平成○年○月○日
　___学年一同

ベストグループ賞

_____くん・さん

あなたは、グループの友だちと
よりよい考えを出し合ったり、協力したりして
自分たちを高めようとがんばりました。
次のグループでも、素敵なグループになるよう、
切磋琢磨してください。おめでとう！！

平成○年○月○日
　___学年一同

第2章　学級経営に生かす「徹底反復」
ロッカーの荷物

1　児童専用の貴重なスペース

　一般的な校舎であれば、多くの場合児童用ロッカーは教室背面に3段程度で設置されていることが多いと思います。間口はほぼ正方形で、昔ながらの木製のものが大半ですが、中にはコインロッカーのようにとびらつきのものや、横に長い長方形のものもあり、学校によってさまざまです。いずれにしても、児童にとっては自分の荷物を置いておくことのできるスペースとして認識しています。

　教室は意外と収納が少なく、児童の荷物は机の中とロッカーに収まりきりません。教室壁面や廊下にフックを取りつけ、体操服や給食着をぶらさげている光景もよく見かけます。このフックにぶらさげるのは、いわゆる公的な空間になります。人の目にもよくつきます。担任に限らず、廊下を通る他の教師にも指導を受けやすい場所なので、児童にとっては気にかけやすい収納です。しかし、ロッカーは自分だけに用意された専用スペースです。衆目にさらされていないので、意識が向きにくいことも事実です。その分、このロッカーの整頓状況を見れば、担任教師の指導力が見えてくるというわけです。学級によっては、モデルとなる収納状況を写真で掲示したり、児童の係として「整理整頓係」をつくって、係の児童が直したりしているのを見ることがあります。工夫のしがいのある指導事項だと思いませんか？

2　自らを磨く

　さて、自分の専用スペースだと書きました。それは、児童にとって学校から「贈与」されたものでしょうか、「貸与」されたものでしょうか。当

然、「貸与」です。しかし、児童のほとんどは、「貸していただいている」という感覚はもちません。始業式の日に登校したら、当たり前のように名前シールが貼られ、そこに荷物を入れるように指示されたわけです。何の困難も伴わずに与えられているために、有ることが当たり前であるという感覚に陥りがちです。これを「自分のために学校が用意してくださった」有り難いものであるということを、必ず説諭しておきます。そのうえで、低学年ならどのように入れるべきかを細かく指導し、見本を写真にして掲示したり高学年の美しいロッカーを見学に行ったりします。高学年なら、自分が貸していただいているロッカーは来年度になったら後輩が使うのだという意識をもたせ、先輩として恥ずかしくない使い方を考えさせます。

　整頓した収納は毎日のことです。手を抜いてしまうこともあるでしょう。そこに自分の弱さが出ていることを自覚させ、時には全員で整頓する時間を設けることも必要だと思います。先生が手を抜かずにロッカーを見て、児童も自分のロッカーに責任をもって整頓することを繰り返していきましょう。

3 他を思いやる

　ここでも考えてみましょう。「何のためにロッカーを整頓するのか」
　それは、みんなが気持ちよく過ごすためです。荒れた収納があれば心もすさみます。具体的に場面を想定して考えさせます。ロッカーからランドセルの肩ベルトや、横に掛けている巾着袋がはみ出ていたらどうなるでしょうか。近くを歩くときに、足や腰に当たったり、荷物が落ちてしまったりしてしまうでしょう。迷惑な話です。そうならないためにも、自分の荷物はきちんと整頓しておかなければなりません。そんな意識を強くもたせたいものです。また、自分の荷物さえ整頓してあればよいというのではなく、全員のロッカーに対して気配りができてほしいものです。指導を続けていれば必ずそのような児童が現れるので、見逃さないようにしっかり評価しましょう。そしてその素晴らしい姿を全体へ波及させていくことが重要です。

4 徹底反復！ ポイント

＊どのような納め方がよいのかを具体的に指導する。(写真の掲示などの工夫)
＊整頓されていない状態を見逃さない。
＊できている児童に対して、時期を得た評価。

　整理整頓ができない第一の原因は、そのやり方がわからないことです。最初はしっかり時間を確保して、教師と一緒に全員で一つ一つの場所を確認しながら整頓していきましょう。「ランドセルの肩ベルトははみ出ないように」とか、「鍵盤ハーモニカは、全員ランドセルの右側に差し込みましょう」など、具体的に指導していきましょう。

　なかなか児童が育たず、整頓が定着しない場合は、教師が毎日整頓していく方法もあります。冷ややかに見ている児童の中に、教師に対して感謝を持つ児童もいるはずです。焦らずに、その児童が手伝ってくれるのを待ちながら毎日毎日整頓していきます。少しずつ整頓できる児童が増え、だんだん教師は手を離していくイメージです。これが1週間でできるか、半年でできるかは、児童実態によって異なると思います。だんだん整頓できていない児童が少数派となり、ほとんどの児童が整頓するようになれば、冷めていた児童も渋々整頓するようになるでしょう。それをしっかり認め、評価していきます。

　教師からの声かけは重要な評価です。時期を逃さず、児童一人ひとりに適した声かけを模索していきましょう。

(山根僚)

第2章 学級経営に生かす「徹底反復」── ロッカーの荷物

第2章　学級経営に生かす「徹底反復」
連絡帳

1　連絡帳はスケジュール管理の基本

　いつ、どこで、何をするのか、必要なものは何かなど、スケジュールを管理する力は生活するうえでとても重要です。大人がスケジュールを管理する際、スケジュール帳は大変役に立ちます。カレンダーや日程表があり、予定を書き込むことで生活の見通しがもてるようになっているからです。児童にとっては、連絡帳がその役割を担います。
　連絡帳には、時間割、持ってくる物、宿題など次の日の予定を書く場合が多いと思います。私の場合、連絡帳にあらかじめ1〜2週間先までの日付を書かせるようにしています。次の日の予定だけでなく、少し先のことも見通しをもって生活する癖をつけてほしいと考えるからです。「来週の水曜日に○○のテストをするよ」と予告をすると、子どもたちはそれを連絡帳にメモします。テストに向けて自主学習に取り組んだり、わからないところを友達に教えてもらったりする姿も見られます。
　連絡帳は、忘れ物をせずきちんと授業に臨んだり、家庭学習の習慣化を図ったりするのに役立つだけではありません。それを毎日書いたり見たりすることにより、スケジュールを管理する力を身につけていくという視点も重要だと思います。

2　自らを磨く

　連絡帳は、とにかく習った漢字を使って丁寧な字で書かせます。ここがいい加減になると、書き落としをしたり忘れ物が増えたりすることにもつながりかねません。そのためには、①連絡帳を書く時間を確保すること、

②きちんと書けているかチェックすること、が重要です。連絡帳は、基本的に朝いちばんに書かせるとよいでしょう。子どもの体調のことなど、ご家庭からメッセージがある場合、早く目をとおしておくのが鉄則です。私の学級では、朝来た児童から連絡帳を書き、友達ときちんと書けているかチェックし合った後、宿題と一緒に提出させています。慣れないうちは、朝の会で書く時間を設けるのもよいと思います。教師が書くのとほぼ同じスピードで書くように指導しておけばそれほど時間はかかりませんし、全員が書けたかどうかチェックしやすいです。そして、必ず教師が連絡帳をチェックし、いい加減な字は書き直しをさせて再提出させます。

　連絡帳はおよそ200日の授業日数分、ほぼ毎日書くようになると思います。ここで、漢字やローマ字などを定着させるようにします。2年生であれば、「国語」「算数」「生活」など教科名の漢字を習いますし、3年生ではローマ字を習います。漢字は前倒しで2年生の4月に教えてしまえば、5月にはほとんどの子が書けるようになります。ローマ字の場合は、罫線の入った英語ノートを連絡帳にし、きちんと書かせます。はじめのうちは間違えることが多いので丁寧に指導する必要がありますが、だんだん正しく書けるようになります。他にも短い文で日記を書かせるなど、工夫次第で子どもたちにいろいろな力をつけることも可能です。

3　他を思いやる

　連絡帳を見て忘れ物なく準備をしないと、自分が困るだけでなく、周りの人にも迷惑をかけます。そのため、忘れそうなものをきちんと連絡帳にメモしておくなどの工夫をさせ、「絶対に忘れ物をしないぞ！」という強い意識をもたせることが大切です。また、「連絡帳をチェックしてくれる人が読みやすい字で書こう」といった他者への配慮も重要であり、これは学級経営の根幹にも関わります。連絡帳を書く行為は決して自分のためだけではないということをしっかりと指導していきましょう。

4 徹底反復！ ポイント

> ＊丁寧な字で書かせる。
> ＊新出漢字やローマ字などの定着を図る。
> ＊子どもたち同士の関わりをもたせる。

　字を丁寧に書き続けることは、かなり意識しなければ難しいことです。しかし、前述したとおり、いい加減な字を許してはいけません。「このくらいなら少々いいかな」と指導を緩めてしまうと、どんどん字は雑になっていきます。子どもたちはよくも悪くもすぐに順応します。「手抜き」を見つけたら、どんな些細な個所でも必ず書き直させます。児童の負担が大きいように感じて躊躇するかもしれませんが、「この先生は手抜きできないな」と児童に思わせるまで徹底的に直します。注意されなくても丁寧な字で書けるようになれば、力がついた証拠です。

　連絡帳は本来自分のために書くものですが、学級経営に生かすという視点から、子どもたち同士が関わる場面を設けたいものです。例えば、私の学級では、書いた連絡帳を班でチェックし合い、チェックした人がサインをするようにしています。また、ときどき、友達と連絡帳を交換して書かせたりもします。こうすることで、字を丁寧に書くように意識するだけでなく、友達との会話も自然に生まれます。連絡帳のチェックと直しが終わったら、班で集めて提出させます。書くのが遅れると他の班員に迷惑がかかるので、だらだら書く児童はいなくなります。

　連絡帳を書くことは５分とかからない活動ですが、年間200回近く繰り返されます。子どもたちに力をつけるための反復を行い、よりよい学級にしていきたいものです。

（島田）

第2章　学級経営に生かす「徹底反復」—— 連絡帳

資料　児童のノート例

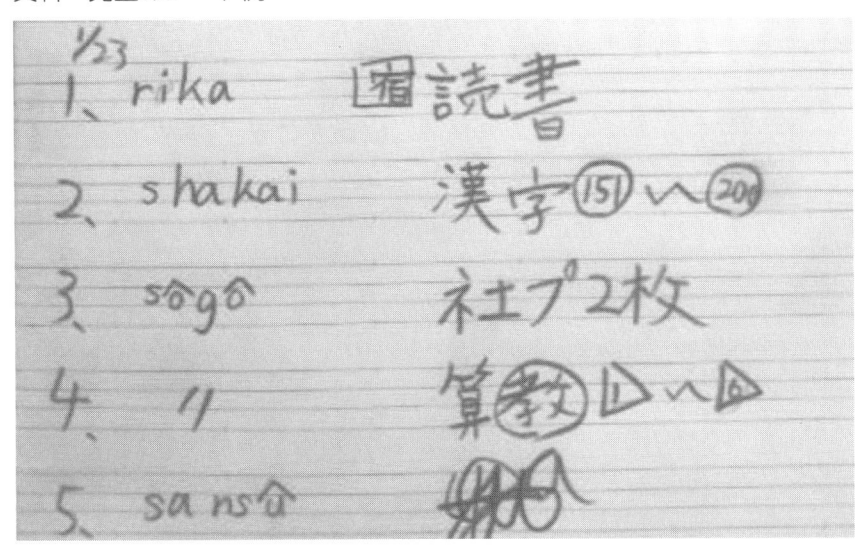

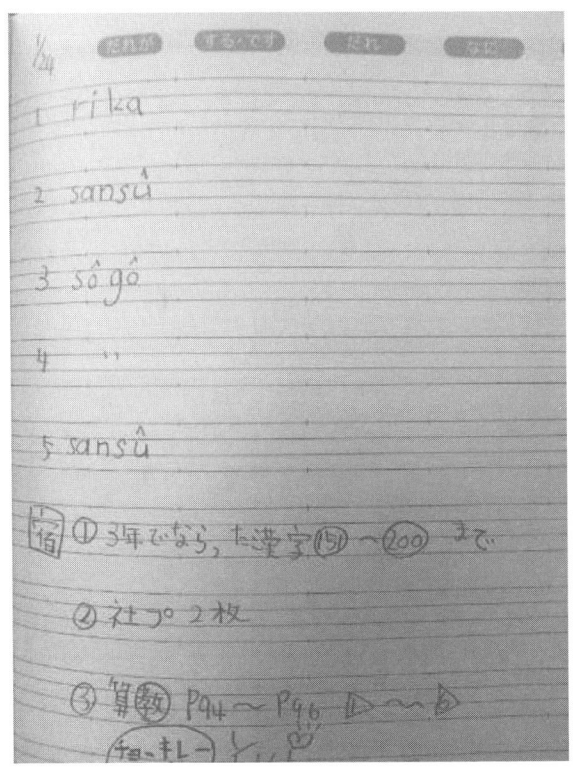

第2章 学級経営に生かす「徹底反復」
健康観察

1　健康観察で鍛える

　　　　　　　　　　　　文部科学省が、平成21年に作成した資料「教職員のための子どもの健康観察の方法と問題への対応」の中に、健康観察の目的が示されています。
①子どもの心身の健康問題の早期発見・早期対応を図る。
②感染症や食中毒などの集団発生状況を把握し、感染の拡大防止や予防を図る。
③日々の継続的な実施によって、子どもに自他の健康に興味・関心をもたせ、自己管理能力の育成を図る。
　これらは、当然どの学級担任も行っていることだと思います。しかし、③の意識を子どもたちにもたせている教師がどれだけいるでしょうか。私は、「自他の健康への興味・関心」「自己管理能力の育成」をキーワードに健康観察でも鍛えるという面から指導をしています。

2　自らを磨く

　健康観察の第一目的は、子どもの心身の健康問題の早期発見・早期対応を図ることです。そのために、教師は、子どもの様子を声や表情、動きなどから観察します。しかし、子どもたちの中には、元気でありながら、声を出さず、だらだらと動く児童がいます。
　これでは、正確に心身の健康を把握することはできません。正確に心身の健康を把握するためには、元気なときには、はっきりとした声で、よい表情で、きびきびとした動きで健康観察に臨むことを子どもたちに、指導していきます。

はっきりとした返事ができなかった児童には、次のように言います。
「惜しいです。元気なときには、はっきりとした返事ができるはずです。体は心とつながっています。元気な声を出すから元気になるのです。元気な声で返事をすると、クラスも明るくなります。もう一回やってみましょう」
　ちなみに私のクラスでは、元気なときは、「はいっ」の一言のみです。短くテンポよくやっていく。健康観察をだらだらとしないことも、リズムを作る一つです。また、ただ「声を出す」と伝えるだけでなく、ちょっとした遊びの要素を入れることも大切です。健康観察の途中で、「みなさん」という言葉が入ったらみんなが返事をするんだよ、と伝えておくことで、遊びの要素と緊張感が入ります。
　教師が「はっきりとした声での返事」をイメージし、指導を行うと、子どもたちは元気な声で返事をするようになっていきます。日々の健康観察でさえ、返事を鍛える大切な局面だと考えています。

3　他を思いやる

　健康観察の目的の中に、「子どもに自他の健康に興味・関心をもたせ」という一文があります。この一文の中に、「他を思いやる」気持ちが含まれています。
　では、「他を思いやる」気持ちをどう具体化すればよいのでしょうか。私のクラスでは、健康観察で名前を呼ばれた人の方向に体を向けることを指導しています。そして、相手の方を素早く向くためには、いすを引いた状態で、立腰をしておくことを指導しておきます。また、ときどき「○○くんは何て答えたかな？」と他の児童の健康状態を振り返ることもさせます。
　仲間の健康状態を把握する意識は、子ども同士の横のつながりを作っていきます。横のつながりはクラスのまとまりを生みます。教師自身が、健康観察はクラスのまとまりを生む大切な時間という意識で臨めるとよいですね。

4 徹底反復！ ポイント

＊健康観察での両極を体感させる。
＊気持ちのよい返事を教師と子どもが評価し続ける。

　健康観察をきびきびと行うよさを体感させることで、子どもたちの行動は変わってきます。そのためには、はっきりとした返事で行う健康観察、だらだらとした返事で行う健康観察。この両極を体感させることが効果的です。きびきびとした健康観察は気持ちがよい。このことを子どもたちが感じるようになればしめたものです。

　また、教師が評価し続けることも大切です。誰が気持ちのよい返事をしていたのか、ここでの気持ちよさとは、ただ単に大きな声ではありません。一生懸命さを指しています。「朝ねむたく、だるいときでも、自分に負けない気持ちで返事をしている人は素晴らしいです」と言い、一生懸命な子どもをしっかりとほめていきます。さらに、子どもたちにも、「一生懸命返事をしてないのは誰かな？」と問うことで、仲間の声にも目と耳を向けるようになっていきます。

（原）

第2章 学級経営に生かす「徹底反復」── 健康観察

ワンモア！

健康観察簿の名簿には、下の部分に空きがあることが多いですね。ひとつのアイデアとして、そこをチェック欄として活用します。

①学級で力を入れて指導している事柄を名前欄に書く。
②何人ができていないかをチェックし、人数をメモするだけでも記録の蓄積になる。
　例　ハンカチ・ティッシュ
　　　ネーム
　　　朝の歯磨き
　　　登校班での登校
　　　あいさつ

第2章 学級経営に生かす「徹底反復」
返　事

1　教師の意識が指導を決める

　なぜ返事が大切なのでしょうか。この質問に対して教師自身がはっきりとしたものをもっていなければ、指導は空回りすると思います。なぜなら、教師の言葉に魂が入っていないからです。私は、返事は「わがままな自分を自制し、相手を受け入れる第一歩」だと考えています。相手の考えをまず受け止める。自分の我を抜いてまず受け入れる。そこが人と人の関係の中で大切なことだと思っています。そう考え、日々子どもたちにも指導しています。

　大切なことは、教師自らが返事を意識して過ごすことです。普段から名前を呼ばれたときには、はっきりとした返事をするよう心がけておきます。教師の率先垂範は、返事指導の第一歩です。教師が普段意識していないことを指導していくと、子どもとの心の距離が生まれます。特に高学年は、すぐに教師を見抜きます。返事一つにしても、教師自身が普段どれだけ意識できているかが、返事指導の重要なポイントだと考えます。

2　自らを磨く

　返事指導の際、私は次の2点を意識して指導しています。
①よい返事をするためのイメージ化
　人はイメージ以上のことはできないと言います。子どもも同じです。よい返事というものを明確にイメージすることができていなければ、よい返事をすることはできません。
　指導の際には、両極を体感させます。まず、悪い返事。だらだらと小さな声で、面倒くさそうに返事をさせます。次に、よい返事。はっきりとし

た声で、短くするどい返事をさせます。「はいっ」という小さい「っ」が入った返事のイメージです。両極の返事をさせた後、「どっちが気持ちよいですか？」と聞きます。そうすることで、よい返事をすることは、気持ちがよいことを体感させていきます。

②よい返事をするための前段階を作る

　よい返事をするためには、その準備段階が必要です。よい返事ができない一因として、前段階が十分に指導されていないことがあります。

　よい返事の準備としては、姿勢と呼吸を指導します。姿勢は、腰骨を立て、腹筋に力を入れることを意識させます。呼吸では、しっかりと息を吸っておかせます。そして、返事の際には、息と一緒に発声することを伝えます。

　上記の指導は、反復を伴って効果を発揮します。つまり、あらゆる場面で、返事をする機会を作ることが大切なのです。教師は返事の回数にも目を向けて指導していかなければなりません。

3　他を思いやる

　返事は、相手の話を聞いていることを伝える、コミュニケーションの一つです。返事をするべきときに、返事ができないことは失礼であることを子どもたちに指導していきます。実際に悪い見本として名前を呼んでも、何も言わず無視をしてみます。そこで、無視をされたとき、どのような感じがしたのか意見を交流していきます。返事を返すことは、相手への思いやりであり、優しさであることをクラスで共有していきます。

　また具体的な場面として、授業での説明の場面があります。発表者は、「○○ですよね？」と相手へ投げかけることを意識させます。聞き手は、それに対して、返事をすることを指導していきます。相手の投げかけに対して、返事を返すことで授業にリズムが生まれます。よい返事ができている児童をほめ続けることで、相手の投げかけに対して、返事をする構えができていきます。

　あらゆる場面で気持ちがよい返事ができるクラスは、相手意識のあるよ

いクラスです。そんなクラスを目指していきたいものです。

4 徹底反復！ ポイント

＊返事の回数を増やすよう仕組む。
＊教師自身が返事に対しての明確な価値をもつ。

　返事を一日何回しているでしょうか。返事一つにこだわってもたくさんの場を仕組むこともできます。例えば、教師からの指示。これには、返事を必ずつけさせます。「ノートを出してください」→「はいっ」というように、教師の指示と返事をセットにすると、一日にかなりの回数返事をすることができます。

　また、卒業式には返事の力がはっきりと表れます。普段どれだけ返事を積み重ねてきたか一瞬で分かります。小学校生活の集大成である卒業式。どれだけ、はっきりとした返事ができている学級があるでしょうか。卒業式の中で、親からいただいた名前を呼ばれても、気持ちのよい返事ができない。これではさみしい限りです。

　普段元気なヤンチャくんは、返事の練習をしていなくても、大きな声で返事ができます。しかし、おとなしい子ほど返事の積み重ねは明確な差として表れてきます。

　大切なことは、教師が返事にどれだけの価値をもつかです。教師の価値観が返事指導には大きく影響します。もし返事を本気でさせるようにしたいのであれば、教師が返事についての勉強をして、明確な価値をもたなければいけません。教師が価値をもつからこそ、個々の場面での明確な評価をすることができるのです。

　返事一つにとっても、学級づくりに大きく関わります。気持ちのよい返事ができているクラスは、活発な雰囲気で満たされています。気持ちのよい返事で活発なクラスをつくりたいものですね。

(原)

第2章　学級経営に生かす「徹底反復」── 返事

> ワンモア！

　道徳指導の大家、深澤久先生は、「返事こそ指導の根幹である」とおっしゃっています。
　返事ができる子は、
①相手の話を聞いている
②相手の気持ちを汲む心がある
③声を出す勇気がある
　このような性質をもった子どもがクラスに多くいればいるほど、そのクラスは育っていると言えるでしょう。
　また、陰山英男先生は、「『スピード、テンポ、タイミング』を重視した授業が子どもに学力をつける」とおっしゃっています。授業中、子どもが歯切れのよい返事をすると、授業にテンポが出てきます。
　このように返事をすることは、心の面でも、学力面でも子どもによい影響をあたえると考えられます。
　また、広島県のある企業の人事担当者は、採用したい社員の条件を二つ出していました。一つ目の条件はチャレンジ精神があること。そして、もう一つは返事がきちんとできることでした。返事は社会人の常識です。キャリア教育としても、重視しなければならない指導項目なのです。

第2章 学級経営に生かす「徹底反復」
姿 勢

1 姿勢なくして授業なし

　授業を進めるうえで、みなさんは子どものどこがいちばん気になりますか？　私は、姿勢が気になります。みなさんのクラスにこんな子はいないでしょうか。ひじをついたり、背骨が曲がったりしている子。足がいすの上に上がる子。これがエスカレートしてくると、席立ちに発展します。さらに悪化すると、いすの上へ立ったり、机の上、ロッカーの上を歩き出したりします。ここまでくると、クラスは末期です。

　子どもの姿勢を正させることは、学習の第一歩であると同時に、学級崩壊を防ぐうえで教師がいちばんに意識しなければならない指導項目だと思います。

2 自らを磨く

　森信三先生の立腰教育はあまりにも有名です。常に腰骨を立てて活動することで、内臓の働きが活発になり、集中力をもって何ごとにも取り組めるといいます。まずは、「姿勢を正しくすると、集中力が高まって賢くなるよ」と姿勢を正しく保つ価値を子どもに教えます。

　背もたれは使いません。「背もたれは、君たちが後ろに倒れないためにあるのです」と教えます。また背もたれを使っている子どもがいたら、机間指導の際、肩に軽く触れ注意します。背もたれを使っているか否かが、授業に集中しているか否かのバロメーターとなります。

　文字を書くとき、必ず左手を使うよう指導します。机間指導の際、左手をそえるよう助言しながら歩きます。それにより、体の左右のバランスが

保たれ、自然と背筋が伸びることを子どもたちに何度も体感させます。給食指導も同様です。必ず茶碗を左手に持たせ、背筋が伸びた状態を体感させるとよいと思います（左利きの場合は逆になります）。

　運動が好きな子には、「姿勢を正すと、背筋が鍛えられて、ボールが遠くへ投げられるよ」と話します。また、おしゃれが気になる子には、「ファッションモデルはスタイルがいいけど、たくさん食べるよ。美しい姿勢を保つために、背筋を意識して鍛えているからお腹が減るんだよ」と話します。

　姿勢は、すべての教育的指導局面において、いちばん長く子どもがしなければならない行為です。常に姿勢を保つことを意識できれば、学校生活の大半は、自分を磨くことに費やすことができたことになると思います。

3　他を思いやる

　号令は、全員の姿勢をそろえさせます。日直の号令に対し、全員で「はい！」とするどく返事をさせ、一斉に礼をさせます。気持ちをそろえ、全員で実行するすばらしさ、すがすがしさを子どもに味わわせます。
「シール表」を用意し、班でシールの数を競わせています。授業中の発問やレクリエーションのクイズなど、全員が正しい姿勢をとっている班から当てていきます。子どもたちは、当ててもらいたいので必死で姿勢を保とうとがんばります。また、気づいてない子がいたら班の子が目配せをしたり、肩を叩いたりして、姿勢をとるようにうながす行動も見られるようになります。

　授業中、音読の場面を多く設定します。このとき、全員が両手で本を持ち背筋を伸ばすことを徹底させます。背筋が伸びることで、自然と声が出てきます。ここでも、一斉に声がそろう心地よさを体感させることができます。「声がそろうと気持ちいいよね。でも、この気持ちはお家では味わえないよ。学校で友達と一緒に音読するから味わえるんだよ。友達っていいね」と話し、友達と一緒に音読できるよさを伝えます。姿勢を子どもに指導することは、友達への思いやりにもつながります。

また、姿勢を正すことを意識させることで、礼や返事など、他の基本的な動作、行為にもよい影響が波及していきます。姿勢は、必ず押さえておきたい指導項目の一つです。

4　徹底反復！　ポイント

> ＊姿勢が指導の第一歩である。
> ＊姿勢を正す子は、自分を磨く子である。
> ＊クラス全員がそろうよさを、何度も実感させる。

　姿勢こそ、1日のうちで、いちばん長く、教師も子どもも意識しなければならない指導項目です。普段の授業の中で、姿勢を正しく保持できるようになれば、どんな行事があっても、うまく対応できるようになってきます。子どもたちが姿勢を意識できるためのありとあらゆる声かけや指導の工夫をしていきましょう。

（山根大）

資料

①姿勢を維持させる声かけを考えよう

①姿勢を維持させるために
②背もたれを使わせないために
③左手を意識させるために

②シール表（上：班名　下：シールを貼る場所）

カープ	やまねこ	サンダー		
○○○○○ ○○	○○○	○○○○○ ○○○○○ ○○○		

第2章　学級経営に生かす「徹底反復」
あいさつ

1　あいさつで気持ちのよいスタートをきる　心を開く　人と人をつなげる

　私がこだわって指導している項目の一つに「あいさつ」があります。あいさつが子どもたちの指導にとって必要な理由は３つあります。
　○気持ちのよいスタートをきる
　○心を開く
　○人と人をつなげる
　これらの要素があいさつにはあり、正しいあいさつをすることで人間関係は円滑に保たれ、子どもたちは、より豊かな学校生活を送ることができると思います。また、あいさつが正しくできる子は、人間関係をどんどん広げていき、人生そのものを豊かにすることができることでしょう。そのような価値観をもった子が増えることにより、地域や社会全体が精神的に豊かになっていくと、私は考えています。

2　自らを磨く

　しかし、あいさつをすることは容易ではありません。４月の私の学級を見てみると教室に入ってきたとき、教師や子どもに対しあいさつをする子は、ほとんどいませんでした。そこには、こんな心理が働いているのではないでしょうか。
　○あいさつをすることに価値はない
　○あいさつをすることは恥ずかしい
　○あいさつの他にすることがある（教科書を机にしまうことなど）
　そんな愚かな心を改めさせ、自らを磨かせることに、私はあいさつの価

値があると考えています。

　私がまず、子どもたちに伝えたことは、「教室に入ってきたら、まず先生のいるところまできて、あいさつをしようね」でした。それにより、先生という存在（相手）を意識することができるようになるからです。すると数名の子が、私にあいさつをしてくれるようになりました。私の方へ来てくれない子には、私の方から、「おはようございます」とあいさつにいきました。そしてひと言、「相手に目を向けることが大切ですよ」と指導しました。

　だんだんあいさつをする子が増えてきたので、今度は、「ハイタッチあいさつ」をすることにしました。これは金大竜先生の実践を追試したものです。あいさつ後、こちらから「イエーイ！」と手を出すと、子どもも手を出してくれるのでハイタッチができます。

　ハイタッチをすると、ただあいさつをするよりもうれしい気持ちになり、気持ちのよい一日のスタートがきれるのです。あいさつは無理やりするものではなく、すると気持ちのよいものだと、子どもに実感をもたせることが大切だと思います。

3　他を思いやる

　教師と先生のあいさつができてきたら、今度は友達同士のあいさつをさせます。「イエーイ、と言って手を出したら、ハイタッチあいさつができるよ」と教えると、子どもたちは、どんどんハイタッチあいさつをするようになります。朝の会のとき、「○○くんと□□くんのハイタッチあいさつは、とても気持ちがよさそうでした」と言ったり、学級通信にその様子をのせ、保護者のみなさまへ伝えたりすることにより、より一層あいさつをする子は増えてきます。現在進行中なのは、「学校全体にハイタッチあいさつを広げよう」というものです。あいさつの中でいちばんレベルが高いのが、異学年同士のあいさつだと私は感じています。それができるよう

になったとき、はじめて学校としてのあいさつ運動が成功したと言えるのではないでしょうか。教師自身が先頭に立ち、よきモデリングとなり指導していきたいです。

4 徹底反復！ ポイント

> *あいさつは、人生そのものを豊かにする。
> *ハイタッチあいさつを繰り返す。
> *クラス全体にハイタッチあいさつを広げる。

　先日はある先生が、「トモさん（私の愛称）は、コンビニへ行ってもお店の方にあいさつするでしょう。それって、相手に対する気遣いですよね」と言ってくださり、はっとしました。「そうか。あいさつって、相手に対する気遣いなんだな」と。確かに、毎朝立ち寄るコンビニでお金を支払うとき、「（お店の方）いらっしゃいませ」「（私）おはようございます。今日は、寒いですね」「（お店の方）コーヒー100円になったんですよ」なんて、ちょっとした会話になったりします。いわゆる「顔なじみ」ってやつです。こんなとき、私は「この人とつながれてるな」という感覚になり、うれしくなります。

　学校でも、朝のあいさつは明るく元気にやりたいものですね。最初は教師の方から笑顔でどんどんハイタッチあいさつをしていきます。教室に入ってくる子を見つけたら近づいていき、「おはようございます」と言って、笑顔で手を出します。子どもも思わず、笑顔で手を出してきます。「子どもからあいさつをしてこない」と残念がるのではなく、こちらから明るい雰囲気をつくり、子どもを巻き込んでやることが大切だと思います。毎日繰り返していくうちに、子どもの方から教師の方へ寄ってきますよ。

　教師と子どものハイタッチあいさつが定着してきたら、子ども同士のハイタッチあいさつも広げていきましょう。子どもたちは、「あの子と話をしたいけど、どう声をかけていいかわからない」と思っている場合が多々あります。この子どもの心理を慮って、教師は、「教室にいる子みんなと

第2章 学級経営に生かす「徹底反復」── あいさつ

ハイタッチあいさつをして席に着くといいよ」と声かけをするとよいと思います。普段あまり話をしない子同士がつながるきっかけとなり、クラス全体の団結力が高まります。

(山根大)

資料
○ハイタッチあいさつ作戦シート
1．教師のところにクラス全員の子がハイタッチをしにくる

　　　　月　　　日まで

2．クラス全員の子がクラスの子とハイタッチあいさつをしている

　　　　月　　　日まで

3．クラス全員の子が隣のクラスの子とハイタッチあいさつをしている

　　　　月　　　日まで

4．クラス全員の子が下級生の子とハイタッチあいさつをしている

　　　　月　　　日まで

5．クラス全員の子が上級生の子とハイタッチあいさつをしている

　　　　月　　　日まで

第2章　学級経営に生かす「徹底反復」
いす入れ

1　「まあいいや」を無くす 自分自身の行動を振り返る

問題行動の多い子どもの特徴として、
○なんでも「まあいいや」で片づける
○自分自身の行動を振り返ることがない
この2点が挙げられると思います。
私がこの項で提案したいのは、「いす入れ」は、
○子どもの心の状況を把握できる
○自分自身の行動を振り返らせることができる
という局面で、最も適した指導であるということです。

まず教師は、「いす入れができる子は、自分自身の行動を振り返ることのできる賢い子だよ。席を立つときは、必ず机の中にいすを入れようね」と声かけします。それにも関わらず立ったときにいすを入れない子は、あらゆる場面で、「まあいいや」と思っている可能性が高い子です。例えば、「宿題を出さなくても、まあいいや」「連絡帳を書かなくても、まあいいや」「鉛筆を削らなくても、まあいいや」など、本来、やらなければならないことをやっていないことが多いようです。逆に、教師の指導を確実に聞き、「いす入れ」を実行できる子は、生活面において問題のない子が多いようです。「いす入れ」を見ることで、その子の心の状態が把握でき、生徒指導に生かすことができるのです。

2　自らを磨く

日々の学校生活の中で、立ったり座ったりする行動はたくさんあります。

例えば、朝のあいさつ、音読、休憩時間、教室移動、給食当番、日直、発表、帰りのあいさつなど1日に20回以上行うのではないでしょうか。立つという行為には、必ず「いす入れ」という行為が伴います。いすをきちんとしまうことは、自分の行動を振り返ることにつながります。「自分の行動が正しかったかどうか、いつも振り返ることができる子になろうね。そのいちばん簡単な方法がいす入れですよ」と言います。最初はできない子が多いので、その度に注意する必要があるでしょう。だんだんできるようになってきたら、できている子を徹底的にほめることが大切です。「○○さんは、きちんと自分の行動を振り返ることができていますね。このような行為ができる子は伸びていきますよ」と言うとよいでしょう。「いす入れ」は、何気ない行為のように思われがちですが、自分自身を磨く絶好のチャンスなのです。

3 他を思いやる

　教室移動のとき、何人の子がいすを入れていないか、必ずチェックしておきます。もし全員のいすが入っていなければ、「惜しいですね。今日は5人の人がいすを入れるのを忘れていました。明日は、いすを入れていない子が減ればよいですね」と指導します。そうすることで、いすを入れる子は確実に増えてきます。最も効果がある方法は、できなかった子をチェックしておいて、次回できたとき、「○○さんは、昨日できなかったのに、今日はできました！これが成長ですね！！」と全員の前で徹底的にほめることです。「いす入れ」のできない子は、問題行動が多い傾向にあるようです。「いす入れ」という、意識すれば簡単にできる行為をほめられることで、今後のあらゆる行動が変わっていく可能性は非常に高いと思います。「無意識を意識化する」いちばん手軽な方法が「いす入れ」なのです。その子の意識が変わることは、他の子にも確実によい影響をおよぼし、クラス全体に振り返りの輪が広がっていきます。
　また、「いす入れ」が意識してできるようになった子は、友達のいすが入っていないのを見逃しません。例えば、となりの子がいすを入れずに遊

びに出ようものなら、黙っていすを入れてあげるようになります。また、「いす入れ」が発展して、机の整理整頓など細部にこだわった動きもできるようになってきます。他を思いやる心が育ってくるのです。

4 徹底反復！ ポイント

＊立ち上がったときのいすを見れば、その子の心の状態がよくわかる。
＊いす入れの徹底反復指導で、子どもの「まあいいや」を撲滅する。
＊自分を振り返られる子は、友達を思いやることができる。

　問題行動を起こす子どものタイプは、大きく二つに分かれると私は考えています。これは私が考える傾向であり、決して断定できるものではありません。しかし、子どもを観る上での重要な指標になると思いますので、恐れず書かせていただきます。また、子どもにはそれぞれもって生まれもった特質があり、家庭環境からも大きな影響を受けることを前提としています。決して子ども自身の特質や家庭環境を批判するものではないことも併記させてください。

　一つ目は、本人の特質によるタイプです。次の行動や周りの様子に目がいったり、今やっていることを忘れたりする特質から、いす入れをしないことがあります。このタイプの子は、あまり周囲の状況を考えず、自分の思いをすぐ口に出したり、行動したりしてしまう特質があると考えます。授業中に不規則発言を繰り返したり、掃除をせずに遊んだりして教師に叱られることがあります。

　二つ目は、学力が低いタイプです。学力が低い原因は、いろいろ考えられると思いますが、家庭での学習習慣・生活習慣が正しくついていないことも原因の一つであると思います。家庭における学習習慣と生活習慣は密接な関係があります。例えば、学校から帰ってすぐに宿題を完了できれば、その後遊びに行き、食事をして午後９時には就寝できるでしょう。しかし、学校から帰ってすぐに遊びに行き、テレビを見たり、ゲームをしたりしてから食事をすれば、宿題はなかなかできません。就寝時間も遅くなります。

第2章　学級経営に生かす「徹底反復」── いす入れ

もしかしたら、「まあいいや」と思って、宿題をしないこともあるかもしれません。また、就寝時間が遅くなれば、当然起きる時間も遅くなります。場合によっては、朝ごはんを食べずに登校することもあるかもしれません。他にも、朝起きてから家族にあいさつをしない、ひじをついて食事をするなど当たり前のことを当たり前にする習慣がついていない子は、立ったらいすを机の中にしまうという行為が、習慣として根づいていないことがあります。

　いす入れという指導局面から、気づかないことに気づかせたり、当たり前のことを当たり前にやらせたりする習慣をつけることができます。いす入れが習慣化していくことで、連鎖的に子どもの問題行動が減ってきます。例えば、「まあいいや」と思って、宿題をしてこなかった子が、「当たり前のことを当たり前にやろう」と考え直し、宿題をやるようになってきたりとか、不用意な言動でトラブルになっていた子が、相手の気持ちを考えてから話したり、行動したりする様子が見えてくるようになります。

（山根大）

資料
○子どもがいすを入れたくなる声かけを考えましょう
（例）　○○君は、昨日いす入れができなかったのに、今日はできていたね。すごい！

①

②

③

第2章 学級経営に生かす「徹底反復」
「お願いします。ありがとうございました」

1 子どもに感謝の気持ちをもたせましょう

　「おはようございます」「さようなら」などのあいさつの指導に比べ、「お願いします」「ありがとうございました」の指導は、あまり意識してなされていないように感じます。私自身教師としの経験年数が浅い頃には、子どもに対して、このような指導はしていませんでした。しかし、教師生活を長く続ける中で、子どもが大人に何かを頼む場面は無数にあるのに、そこに子どもが当然とるべきコミュニケーションがあまり存在していないことに気づいたのです。しかしそれは、子どもの責任ではなく大人の責任です。子どもは、そのときどう言ってよいのかわからないのですから、大人はそれを教えなければなりません。そのことが続くと、子どもは、「大人が子どものために何かをするのは当然だ。やってもらって当たり前」そのような意識に陥ってしまうことでしょう。このような意識の定着は、子どもの中に、大人だけでなく、自分以外の他に対し、感謝の気持ちが育たない種をまくことを意味すると思います。

2 自らを磨く

　連絡帳を例に出し、考えてみましょう。連絡帳を出すときは、必ず教師に対し、「お願いします」と言わせます。また、連絡帳を書いたことを確認して返してもらうときには、「ありがとうございました」と言わせましょう。なぜなら、そこには、一見、その子の力だけで連絡帳を書けたように見えますが、実は、『その子一人で連絡帳を書けたのではない』、とい

う揺るぎない哲学があるからです。

　教師は子どもに次のように指導します。「連絡帳がなければ、君たちは、明日、何を持ってきたらよいかわかりませんね。つまり勉強ができません。また、君たちのことを日々、気にかけているお父さん、お母さんからの伝言は、連絡帳がなければ伝わりません」と言い、連絡帳が果たす役割を指導します。そして「薄っぺらいノートですが、一冊120円します。君たちは120円稼げますか？　絶対に不可能です。なぜなら、日本の法律では、子どもを働かせることはできないからです。また、今、君たちが社会に出ても、絶対に大人と同じように一人前の仕事はできません。今この瞬間、君たちのお父さん、お母さんは、汗水たらして働いていらっしゃいます。嫌なことも、つらいこともあるでしょう。しかし、君たちのことを思い、120円の連絡帳を買うためにがんばってくださっているのです。先生も同じ気持ちです。君たちにがんばって成長してほしい。そのような強い思いで、連絡帳をチェックしています。そんな大人の気持ちに感謝し、必ず連絡帳を出すときは、『お願いします』返してもらうときは、『ありがとうございました』と言い、感謝の気持ちを表すべきなのです」と大人の子どもに対する愛を伝えます。

3　他を思いやる

　体育館や音楽室など、特別教室を使用するときも、必ず「お願いします」「ありがとうございました」と言わせましょう。そこには、「他の場所にお邪魔し、使わせていただく」という感謝の気持ちが存在します。その場所を使わせてもらうのは当たり前ではなく、特別なことなのだ、という意識をもたせましょう。なぜなら、その場所や教材教具は、他の学年、他のクラスの子が掃除をしてくれていたり、専科の先生が特別に準備をしてくださっていたりするからです。他への思いやりは、感謝につながる行為です。

　このような行為を繰り返していくと、「お願いします」「ありがとうございました」が当たり前の言葉になってきます。健康診断などで先生方は、

「お医者さんにきちんとあいさつをするのですよ」という指導をなさいますが、そのような指導は全く必要なくなります。なぜなら、普段から周りの大人に育ててもらっているのだ、と感謝の気持ちが育ってくるからです。そのような子は、健康診断前に指導しなくても、自然と、「お願いします」「ありがとうございました」と校医の先生に言うようになります。

4 徹底反復！ ポイント

> ＊人に何かを頼むとき、「お願いします」「ありがとうございました」と言う常識を知らない子は多い。
> ＊子どもがやっているすべての行為は、周りの人の支えによるものである。
> ＊他への思いやりは、感謝につながり、子どもを自律へ導く。

　連絡帳が書けることだけでなく、毎日学校へ通えること、友達と楽しくおしゃべりができることなど、普段当たり前に行っている行為が、実は周りの人々の支えによって、はじめて成り立っていることを知らない子どもはたくさんいます。また、子どもが大人に何かを頼む機会は、「おはようございます」「さようなら」のあいさつ以上に多くあるのではないでしょうか。このことに教師は気づかなければなりません。そして、「君たちが今やっているすべてのことは、周りの人の支えによってできるんだよ」と子どもに教えましょう。そうすれば、連絡帳を書ける幸せ、毎日通学できる喜び、友達とおしゃべりができる楽しさに感謝できることでしょう。
　感謝を表す言葉として、「お願いします」「ありがとうございます」という言葉があることを伝えておけば、子どもたちは自然とその言葉を使うようになります。そして、そのような言葉を使う場面は、日々の生活の中で無数にあるのです。例えば先ほどの連絡帳の例だけでなく、小テストの採点のとき、給食のおかわりのとき、集金を提出するときなど、子どもが大人に何かを頼む機会は、数え上げればきりがありません。また、友達同士でペア学習をするときや、百人一首などのゲームをするときなどは、相手

第2章 学級経営に生かす「徹底反復」——「お願いします。ありがとうございました」

がいるから、その行為ができるんだ、という意識をもたせることもできます。そのような指導局面を見逃さずに声かけしていくことで、子どもたちに感謝の気持ちが育ち、教室から離れたさまざまな場所で、多くの方々に感謝の気持ちを述べることができるようになるでしょう。

(山根大)

資料
○「お願いします」「ありがとうございました」
　　どんな場面で言わせたいですか？
(例) 連絡帳を提出するとき。

①

②

③

④

⑤

第2章 学級経営に生かす「徹底反復」
拍手。

1 拍手で温かい雰囲気づくり

　みなさんは、子どもに拍手をさせていますか。私は初任のとき、まったくそのような発想がありませんでした。「授業中、拍手をさせましょう」などという指導は、大学でも初任者指導でも受けていなかったのです。

　授業になぞらえて、学校主催の研究会を考えてみましょう。事後研修の中で、発表者の紹介や授業後の検討の際、拍手が行われることはほとんどありません。固い雰囲気の中で会が進行することが多々あります。教育委員会や文部科学省などの、いわゆる官が主催するセミナーの場合も同様です。例えば、えらい大学の先生が自己紹介されても、拍手が起こることがない方が多いように感じます。

　次に民主催のセミナーの場合を考えてみましょう。私が今まで参加してきた民主催のセミナーは、100回近くありますが、その全てで必ずといっていいほど拍手がありました。そこには、拍手をして雰囲気を盛り上げようという主催者側の意図と、そこで学んで、子どもを伸ばす糸口をなんとかつかみたいという参加者の意識の高さがそうさせるのだと思います。拍手で包まれたセミナーは、主催者側も受講者側も、温かい雰囲気に包まれ、満足感を得て一日を終わることができます。

2 自らを磨く

　拍手の基本は、「強く、細かく、元気よく！」です。これは、中村健一先生がおっしゃる、あまりにも有名な言葉です。無意識に拍手をさせても、ばらばらで張りのない拍手しか生まれません。しかし、「強く、細かく、

元気よく！」を意識した拍手は、統一感のある、気持ちのよい拍手を生み出すことができるのです。

　子どもたちは、最初、「強く、細かく、元気よく！」を意識してやりますが、だんだん時間がたつにつれ、だらだらした拍手になっていきます。そんなときは、「拍手の基本は？」と教師が明るく問い返し、「強く、細かく、元気よく！」と言わせ、拍手をさせるようにしましょう。子どもの拍手が張りのある元気な拍手に戻っていきます。しかし、しばらく時間がたつと、まただらけた拍手に戻っていきます。この現象は、あらゆる指導局面に共通する事実です。最初できていても、子どもは周りの雰囲気や意識の低下により、やるべきことができなくなっていきます。教師はそれを叱るのではなく、（できなくなって当たり前。再度、指導を入れて修正しよう）という意識をもっていればよいのです。明るく、「よーし、もう一度、拍手の基本を思い出してみよう！」と言い、「拍手の基本は？」「強く、細かく、元気よく！」と一斉に言わせ、拍手をさせましょう。指導を反復することにより、「強く、細かく、元気よく！」を意識する子が増えてきます。

3 他を思いやる

　「拍手ができる」ということは、「聞く力が鍛えられている」ということです。友達の話をしっかり聞ける子でなければ、拍手はできません。ましてや、姿勢を正さず手悪さで片方の手に何かを持っている子などは絶対にできません。つまり拍手の質の高さは、どれくらい自分を鍛え、他を思いやることができているかのバロメーターでもあるのです。いつも、友達の意見に対し、張りのある元気な拍手ができるクラスは、聞く力があり、他を思いやることできる子が多くいるクラスです。そのようなクラスの子は、（自分が発表したら、友達が聞いてくれる）という安心感の中で授業を受けることができますので、意見交流が活発になり、つなぎ発言や、指名なし発言、練り合い、討論、プレゼンテーションなど、あらゆる表現が自由自在にできるようになってくることでしょう。研究主題に「児童の表現力を高める」を掲げる学校は多くあります。子どもの表現力を高めるために、

拍手指導は欠かせない教師のスキルの一つだと思います。

4 徹底反復！ ポイント

* 「拍手っていいな」と思えるクラスをつくろう。
* 拍手が贈れるクラスにしよう。
* 自然に拍手の起こるクラスをつくる。

　拍手はクラスの雰囲気を温めてくれる格好の手段です。子どもの言動をよく観察し、「今の発表、実に〇〇さんらしくよかったよ！〇〇さんに拍手！」とか、「今のプレーは、〇〇さんにしかできないスーパープレーだったね。〇〇さんに拍手！」などと言い、教師自ら子どもたちに拍手を贈りましょう。子どもたちは、教師の行動や、クラスが盛り上がっている雰囲気から場の様子を察して、自分から拍手をするようになってきます。あらゆる場面で拍手をさせ、「拍手っていいな」と子どもが思えるクラスづくりをしていきましょう。

　反復指導により、拍手の習慣がついてきたら今度は、拍手の質を上げていきましょう。拍手をしている子に向かって、「惜しいなぁ〜。拍手は『する』ものではなく『贈る』ものです。拍手を贈るためにはどうしたらよいですか？そうです、拍手を贈る相手の方を向くともっとよいですよ」と声をかけましょう。すると、子どもたちに相手意識が生まれ、より友達を意識した拍手にレベルアップします。

　さらにレベルが上がってくると、教師が拍手をしなくても、よく気がつく子が、最初に拍手をします。そのときがチャンスです。すかさず、「今、自然に拍手が起こりました。自分たちで拍手ができるなんて、なんてよいクラスなんだ！　すごいなぁ〜！！」と驚きましょう。それは、子どもが教師の手を離れ、自分たちで何かができるようになってきた証のようなものだと私は感じています。

（山根大）

第2章 学級経営に生かす「徹底反復」── 拍手

資料
○あなたが、子どもに拍手を贈りたいのは、どんなときですか？
（例） 昨日できなかったことが今日できたとき。

①

②

③

④

⑤

第2章　学級経営に生かす「徹底反復」
みだしなみ

1　みだしなみは、なぜ必要か

「みだしなみは、なぜ必要か？」私が百貨店勤務時代、上司に問われた質問です。当時、私は24歳でした。おろおろと「社会人としての常識ですよね」と答えたように記憶しています。それに対して、上司は笑いながら「おい、山根。それもそうだけど、みだしなみは相手を嫌な気持ちにさせないために整えるものなんだぞ。我々、接客業では、常にみだしなみを整え、お客様に気持ちよく応対しなければならん」と教えてくださいました。

　学校を例に出すとどうでしょう。私の学校では、ハンカチ、チリ紙、ネームの着用、シャツ入れをみだしなみと定めています。上記の例に当てはめると、ネームの着用とシャツ入れがこれに相当すると思います。これに対して、ハンカチ、チリ紙は、なければ困る機能的な要素が強いでしょう。ただし、ハンカチがないからといって、手を洗ったあとズボンでふいたり、チリ紙がないからといって、服の袖で鼻汁をぬぐったりするシーンは、見るに耐えません。やはり、同じ校内で気持ちよく過ごすためにも、欠かせないみだしなみであるといえるでしょう。

2　自らを磨く

　みだしなみについて、学校全体で取り組むことは多いと思います。しかし成果が上がるかどうかは、学級担任の腕次第です。なぜなら、みだしなみを整える必要感が子どもに伝わらなければ、子どもは絶対に変わらないからです。まず、教師は、ハンカチ、チリ紙の必要感を伝えます。ハンカチは、汗をふいたり、（トイレに行ったり、給食準備前に）洗った手をふ

いたりするのに使います。1日のうち、必ず使うものです。ちり紙は、鼻をかんだり、こぼれているものをふき取ったりするときに使います。また、トイレに行って紙がないときもあるでしょう。使う機会は多いです。ネームは、自分の所属や名前を自分以外の人に知ってもらうために重要です。シャツは、出しっぱなしだと、見た目が悪く、相手を嫌な思いにさせてしまいます。このように、それらが必要な理由をまず説明します。

　その後、毎日チェックを繰り返します。「ハンカチ、チリ紙を机の上に出しましょう。全員、起立！」と言って立たせ、「ハンカチ、チリ紙、ネームがある人だけ座りましょう」と言って座らせます。その後、ハンカチ、チリ紙、ネームがない子には、「明日、持ってくるように」と指導し、教師が事前に準備したハンカチ、チリ紙を貸し出します。（ネームに関しては、「明日、着けてくるように」と指導します）次の日も同じ指導をします。すると、多くの子は友達の前で立つのが恥ずかしいので、ハンカチ、チリ紙を自分で準備し、貸し出した分は返しに来ます。問題なのはネームです。1週間同じ指導をしても、着けてこない子がいます。このような子は、紛失している可能性が高いです。紛失していれば、保護者に「ネームを買うお金を持ってきてください」と伝え、ネームを買わせます。このような指導を反復すれば、ハンカチ、チリ紙、ネームは、2週間以内に大体そろってきます。この3点がそろう子は、シャツ入れも意識してできるようになってきます。また、これらのことができるようになってくると、今度は、学習用具をそろえることに意識が向くようになってきます。つまり、みだしなみを整えることは、学力にも関係しているのです。

3　他を思いやる

「全員起立！ハンカチ、チリ紙、ネームを持ってきている人だけ座りましょう」この指導を繰り返していると、クラスでそれらがそろわない原因は、「自分自身の甘さ」、「他への思いやりのなさ」であることに気づく子が出てきます。実は、ハンカチ、チリ紙、ネームを準備することは、さほど難しいことではありません。おうちの方に頼めば済むことなのです。

（自分がそろえれば、クラスが完璧になる。友達のためにもがんばろう）という気持ちを育てるのに、この指導は最適だと思います。クラスへの所属感、他を思いやる気持ちを高めます。

4 徹底反復！ ポイント

> ＊みだしなみは、相手への気遣いであることを教える。
> ＊教師の本気度（こだわり）を子どもに伝える。
> ＊みだしなみが整うと、学習道具も整う。

「くつ入れ」「いす入れ」が、学校での「まあいいや」さがしだとすれば、「みだしなみ」は、家庭での「まあいいや」さがしになるのでしょうか？
　家庭の状況にもよりますが、みだしなみを整えることは子どもにとってさほど難しいことではありません。意識を高めてやれば必ずそろいます。チリ紙やハンカチは必ず家庭にあるものですし、ネームも無ければ購入すればよいのです。忘れた場合は、教室に予備を準備しておき、貸してあげましょう。これにより、忘れた子を叱ってクラスの雰囲気が悪くなるリスクを下げることができます。また、家庭との連携も欠かせません。保護者へ学校での取り組みを伝え、理解を求めましょう。大切なのは、教師の本気度（こだわり）を子どもや保護者へ伝えることだと思います。そのために、毎日、徹底してみだしなみはチェックしましょう。これは余談ですが、爪（切り）をチェックしている先生はいらっしゃいませんか。そんな先生はお気づきだと思いますが、「なぜ爪を切らないのですか」と注意するよりも、「ロッカーの上に爪切りがありますから、すぐに爪を切りましょう」と言った方が、クラスの雰囲気が壊れません。爪切りは教室に常備しましょう。
　指導は、「くつ入れ」や「いす入れ」の指導と基本的に同じです。みだしなみに必要なものを持ってきていなかった子をチェックしておき、もし持ってきたら、徹底的にほめるのです。「昨日はできなかったことが今日できることを成長というんだよ！○○さんすごい！」と持ってきた個人を

第2章　学級経営に生かす「徹底反復」── みだしなみ

ほめたり、「昨日は5人忘れていたけど、今日は、4人に減りました。クラスがだんだんよくなってきているのがわかりますね。先生はうれしいです」などとクラス全体のがんばりをほめたりします。全員そろった日には、お祝いです。牛乳で乾杯したり、最後に持ってきた子に拍手を贈ったりするなど、そのクラス独自の方法で盛り上がりましょう！

　みだしなみが整ってくると、学習道具も整ってきます。例えば、普段、鉛筆を削っていなかった子が鉛筆を家庭で削ってきたり、ネームペンを忘れがちだった子が持ってくる習慣がついてきたりします。子どもの心は楽な方へ流れてしまいがちです。子どもの心の中にある「まあいいや」が減ることは、さまざまな場面に波及し子どもを自律へ導きます。

(山根大)

資料
○みだしなみチェックリスト（名簿も使ってもよいです）
(①ハンカチ②チリ紙③ネーム④シャツ　できている人数で記入)

	／( )	／( )	／( )	／( )	／( )	／( )	／( )	／( )
①								
②								
③								
④								

第2章 学級経営に生かす「徹底反復」
教室移動

1　クラスの状態は教室移動でわかる

　そのクラスがどんな状態なのか見分けることのできる客観的指標があります。例えば、掃除です。すべての子が、よく気づいて素早く動けているクラスであれば、そのクラスは素晴らしいクラスであり、授業もうまく進んでいると容易に予想できます。その他、給食の準備の様子、残菜の量などもそのクラスを表す一つの指標となるでしょう。もう一つ、クラス全体を表す指標として、教室移動があると思います。並ぶ時間を予想し、必要な道具を整え、素早く並ぶ。並んだら一糸乱れず移動し、目的地に着いたら着席する。その間、私語はおろか、物音一つたてないクラス。このようなことができるクラスは、きっと日々の授業も落ち着いて受けることができていることでしょう。逆に、時間が来ても並べず、全員そろっていないまま出発する。列の間隔があき、走る。反対側通行などおかまいなし。目的地に着いても私語が止まらない。そんなクラスは、到底よいクラスであるとは言えません。授業を見なくても、クラスの状態は大体わかってしまうものです。

2　自らを磨く

　教室移動は3つの要素で構成されていると、私は考えています。
　1．並ぶ
　2．移動する
　3．所定の位置に着く
　です。いちばん難しいのは、1の「並ぶ」です。次いで難しいのが2の「移動する」でしょう。1、2ができれば、3の「所定の位置に着く」は

自然とできてきます。

　まず、1について考えていきましょう。1で教師がしなければならないことは、子どもに時間を予想させることです。例えば、8時30分から全校朝会が始まるならば、遅くても、8時25分までに、連絡帳を書き終え、宿題を提出し、ランドセルをロッカーにしまうことができなければなりません。そして、8時25分になったら、自分の位置へ移動し、黙って正面を向いて待たせなければなりません。自分を磨いていない子は、連絡帳を書いたり、宿題を提出したりすることが時間内にできません。時間になり友達が移動し始め、いよいよ出発という段になって、はじめて列へ入ろうとします。仮に早く自分の位置に着いたとしても、まっすぐ前を向き、姿勢を正せないことが多いようです。たちまち姿勢が崩れ、後ろや横を見たり、最悪の場合は私語をしたりします。教師は、まず、「時間は命と同じくらい大切です」と子どもに教えます。そして、「時間になっても自分の位置に移動できない子は、人の命を無駄にしているのと同じことです」とつけ足します。また「自分の位置に着いたら、必ず姿勢を正して前を向きましょう」とあらかじめ言っておきましょう。

　移動の際には、堂々と胸を張り、足音に注意しながら移動させます。事前に、「必ず前を向きましょう」と指導しておきます。自分を磨けていない子は、前を向いていませんので、前の子との間隔がどんどんあき、走り出します。また列を整えようという意識は、全くありませんので、1列や3列になってもおかまいなしです。手すりを持ったり、反対側通行で移動したりします。できなかったら、やり直しも辞さない覚悟で指導しましょう。

3　他を思いやる

　教室移動は、一人ではできません。クラス全員の心が一つにそろってなされる一つの作品であるといっても過言ではありません。運動会や学習発表会でも、集団で移動する場面を観衆に見せるシーンは必ずあります。日々繰り返される教室移動の中で、「気持ちを合わせるんだ」という他を

思いやる心が、正しい教室移動をするための、最後の仕上げになると感じています。

4 徹底反復！ ポイント

＊「準備する力」を養う徹底反復指導。
＊「時間を意識する力」を養う徹底反復指導。
＊「自分を律する力」を養う徹底反復指導。

たくさんの指導局面の中で、教室移動の指導がもっとも難しいのではないかと私は感じています。なぜなら、クラスの子ども全員に「準備する力」「時間を意識する力」「自分を律する力」の３つの力がそろっていなければ、一糸乱れぬ行進は不可能だからです。

４月、児童朝会や儀式的行事などで体育館へ移動させるとき、まず、苦労するのが教室移動です。学校へ遅れてくる、連絡帳を書き終わっていない、宿題を提出していない、ランドセルがロッカーにしまわれていないなどの理由で、時間どおりに自分の位置に並ぶことができない場合がよくあります。また、自分の位置に着いても、自分の位置は正しいのか気になり、不安になって周りの子に目がいき、まっすぐ立てない子もいます。そんな子が増えると、私語がはじまります。まず、この状態を防がなければなりません。

並ぶためには、「準備する力」と「時間を意識する力」が必要なのです。児童朝会の場合、準備ができていようができてなかろうが、時間になったら「静かに並びましょう」と言って、自分の位置に並ぶよううながしましょう。準備ができている児童に対しては、「○○さん、準備が速いから素早く並べましたね！どうしたらそんなに早く準備ができるの！」などと、肯定的な声かけをします。そのとき、大体の位置は決まっていますので、「自分の位置を覚えておきましょう」と言います。この声かけにより、自分の位置を次から意識できますので、不安になって横を向いたり私語をしたりすることがなくなります。次に体の軸を合わせさせます。「自分の真

第2章 学級経営に生かす「徹底反復」── 教室移動

ん中にある胸のボタンと、前の人の制服の背中の筋が合うようにしましょう」と声をかけます。すると体の軸が合ってきます。「移動するときも体の軸を前の人と合わせて移動しましょうね」と、歩くときのポイントも言ってやります。これを何度も繰り返すのです。一度ではうまくいきませんが、何度も何度も繰り返していくうちに、早く準備したり時間を意識したり私語をつつしんだりする力が身についていきます。学級の状態にもよりますが、1学期が終わるまでに完成するイメージをもって取り組んでいくとよいと思います。もちろんこれが完成形ではありません。3学期には、教師の指示がなくても、自分たちの判断で並び、整然と移動し、所定の位置へ再度整列して待てる、そんなクラスをつくりたいものです。

(山根大)

資料
○教室移動のときの声かけを考えましょう

①並ぶとき

②移動するとき

③所定の位置に着くとき

第2章 学級経営に生かす「徹底反復」
「ただいま」「おかえり」

1 教室は自分の家です

　「ただいま」「おかえり」は、おうちで交わされるあいさつの一つです。このあいさつを学校でも交わしたらどうでしょうか？最初は不自然なように感じますが、慣れてくるとクラスが家庭的で、ほんわかとした雰囲気に包まれてきます。

　高学年の子どもは学校に約８時間います。この時間はおうちで過ごす時間より長いです。また、休日を省いて考えれば、おうちの人といる時間より教師や友達といる時間の方がずっと長いのです。つまり、子どもは年齢が上がるとともに、教師や友達に受ける影響が家庭よりもずっと強くなってくるのです。「同じ釜の飯を食う」という言葉があります。学校において「同じ釜の飯」とは「給食」を指し、そこに集う仲間が家族のようである、と言えます。だとすれば、教室はさながら家であり、「おかえり」「ただいま」というあいさつが教室内で飛び交うのは自然なことだと思います。

2 自らを磨く

　「教室は自分の家であり、友達は兄弟のようなものです。そして先生は、(学校では)、お父さん、お母さんの代わりです。家に帰ったとき、みなさんは、『ただいま』と言いますね。そうしたら、家の人は、『おかえり』と温かく迎えてくれませんか？先生は、このクラスがみなさん一人ひとりにとって、温かい家のようであってほしいなぁ、と思っています」このように話しておきます。学校生活の中で、教室を出たり入ったりする場面は本当にたくさんあります。そのたびに、「ただいま」「おかえり」と言わせます。まずは、教師が見本を示しましょう。教室へ入る際には「ただい

ま！」と元気よく入っていき、「おかえり」と返してくれる子がいたら、「○○ちゃん、ありがとう！『おかえり』って言ってくれたから、先生、うれしい気持ちになっちゃったよ」と伝えます。

　また、元気のよい子たちは、大休憩後、汗をいっぱいかきながらグラウンドから戻ってきます。そのとき、元気な声で「ただいま！」と言いながら教室へ入ってくるでしょう。そのとき、思いっきりその子たちをほめましょう。「ただいま！」と元気よく言いながら教室に入ってくることが正しいのだ、という価値づけを子どもたちに浸透させます。さらに、「ただいま」に対して、「おかえり」と答えている子がいれば、その子もしっかりほめてやります。その繰り返しにより、「ただいま」「おかえり」は徐々にクラスに定着していきます。

　さらに発展させ、教室外の特別教室は「人様の家」のようなものであり、「特別な場所を使わせていただく」という考え方を伝えます。この考え方が定着してくると、例えば、音楽室を使わせていただくときには、「失礼します」、使い終わったときには「ありがとうございました」という習慣ができてきます。このことは、学習に対する構えにもつながってきますし、感謝の念も育つことでしょう。

3　他を思いやる

「ただいま」「おかえり」は、「おはようございます」「さようなら」のあいさつと似ています。それは、相手を意識し、「私はあなたの存在にちゃんと気づいていますよ。大切に思っていますよ」と伝えていることにほかなりません。小さなことですが、この活動を何度も繰り返すことによって、友達や特別な場所や授業を準備してくださった先生方に感謝の気持ちが芽生え、伝えることができてくると思います。また、伝えてもらった子は、今度は、伝えてくれた子に感謝の気持ちを伝えることができるでしょう。人として当たり前の行為を、より深く学ばせることができます。

4 徹底反復！ ポイント

> ＊「クラスはわが家」
> ＊お互いの存在を認め合うために、言葉をかけ合う反復指導。
> ＊「特別教室は、人様の家」

　家庭と学校では、集団生活をしているという点で共通点があります。この共通点を生かし、「クラスはわが家」という意識を子どもにもたせたらよいと思います。教室は家、先生は親、友達は兄弟だと考えれば、クラスに所属感が生まれ、安心して学校に来られる子も増えることでしょう。
「ただいま」「おかえり」というアットホームな言葉を交わすことは、お互いの存在を認め合うことにもつながります。子どもたちを観ていると、友達にかけるべき当たり前の言葉があまりにも交わされていないな、と感じることがあるのです。おそらく、かけるべき言葉が思い浮かばなかったり、恥ずかしかったり、やるべき行動が先に立ち目の前の人をおろそかにしたりと、いろいろな理由があると思いますが、言葉の少なさがクラス内の人間関係の広がりをはばんでいるように感じるのです。ですから、クラスの中では「おはようございます」「さようなら」だけでなく、「はいどうぞ」「ありがとう」「ありがとうございました」「どういたしまして」などの言葉をお互いに使っていけば、もっともっと自分の気持ちが相手に伝わって、いいのにな、と思ってしまいます。思っていることを言えば伝わりますが、思っていても言わなければ伝わらないのです。ですから、言葉を交わそうとしない子どもたちには意識的に言葉を交わす機会を設けてやればよいのではないか、と私は考えています。そうすれば、子ども同士もっと仲良くなれるし、楽しく学校へ来られるのではないでしょうか。
　特別教室を利用する際にも同じことが言えます。「特別教室は、人様の家」と考えれば、教室を入ったり出たりするときの態度も変わってくると思います。そのために、特別教室を子どもたちが使うにあたって、多くの人の手がその場所にかかっていることを教えてやらなければなりません。「６年生が体育館の掃除をしてくれているから、気持ちよく体育ができる

第2章　学級経営に生かす「徹底反復」── 「ただいま」「おかえり」

よね」とか、「音楽の○○先生が、君たちが寒い思いをしないように、朝からストーブをたいてくれてたよ。ありがたいよね」などと、「使えるのが当たり前だ」という、愚かな心を払拭し、感謝の心をもたせるような声かけをしましょう。そうすれば、特別教室を利用するとき、どんな言葉で入り、どんな言葉で出ればいいかは、自ずとわかってくるはずです。

(山根大)

資料
○「ただいま」「おかえり」を定着させるための声かけ
(例)　○○さんは友達をよく見ていますね。帰ってくる友達にきちんと「おかえり」と言えています。

①

②

③

第2章 学級経営に生かす「徹底反復」
プリント配布

1 プリント配布 〜何も配らない日はない〜

　学校では毎日さまざまなプリントを児童に配布します。学校便りなどの公的なものから、授業中の問題プリントまでその枚数は数えきれません。私は、銀行員がお札を数えるときの紙さばきを参考にして、できるだけ早く配れるようにしています。そして、列の先頭の子は自分のプリントを取り、それを後ろの子に渡していきます。このとき、有田和正先生はプリントを後ろの子に渡すときに「どうぞ」と言わせ、受け取る子には「ありがとう」と言うように指導されています。そうすることで、温かな雰囲気の中でプリントを配布することができ、お互いを思いやる心も育てられるからです。この実践はあまりにも有名で、取り入れられている先生方も多くおられると思います。

2 自らを磨く

　問題はこの後です。先述したとおり、学校では毎日多くのプリントが配られます。最初に先生が指導したときは「どうぞ」「ありがとう」のリレーが聞こえますが、次第に言う子が一人減り二人減り、それに伴って温かな雰囲気も薄れていきます。この様子を見て、担任は子どもたちに、「どうぞ、ありがとうは？ちゃんと言いなさい」と注意します。しかし注意されたときはできても、まただんだんとできなくなっていきます。これは当然です。子どものせいではありません。指導していない教師が原因です。

　担任が「どうぞ」「ありがとう」と言いましょうと言うので、子どもた

ちは健気に言うようになります。これまでそのような文化のなかった子どもたちは、若干の恥ずかしさを伴いながら言っています。当然ながら放置すればその内に言わなくなります。言わない子が増えてくると、それまで言っていた子も恥ずかしくなります。へたをすればからかいの対象にすらなりかねません。そうならないためにも、きちんとがんばっている子には『そのがんばりは素晴らしいことだ』という価値づけをしてあげる必要があります。これが教師からの「ほめ言葉」です。「〇〇さん、どうぞと言えていますね。すばらしい」と先生が笑顔でほめてくれる、これが児童にとっては百万の味方を得た思いになるのです。「□□君は、渡すときに相手の目を見ていましたね。受け取る方もうれしくなるね」とか、「◎◎君の受け取り方はすごい！ちゃんと両手で受け取っています。相手を大切にしていますね」など、始めた頃は特に丁寧にほめていきます。これが実は【評価】なのです。児童は自分の行為が先生にどのように受け止められているかを敏感に感じ取ろうとしています。折角教師の指導を受け入れてがんばっている子どもを、どうか大切にしてあげてください。

　相手への感謝の言葉を伝えるという行為が素敵なことだということは、子どもでもすぐわかることです。しかしそれができないのは、先述したように「恥ずかしさ」を感じて「勇気」が出せていないからです。この自分の殻を自分の意志で打ち破ることができる子どもたちを育てたいものです。

3　他を思いやる

　この実践は、どれだけ相手意識をもたせるかが重要です。「先生がやれと言うから」するのと、「相手のために」するのでは天と地ほどの差があります。だからこその「ほめ言葉」なのです。まさに教師からのプラス評価の「徹底反復」です。

　そして相手への思いやりや感謝の心情が育ってきたら、次のステップです。落とし物を拾ったら「どうぞ」「ありがとう」。配り係がノートを配るときにも「どうぞ」「ありがとう」。意外とプリント以外にも感謝できる場面は多そうです。さらには、給食当番が配膳するときに「今日は体調が悪

そうだけど食べられる？　減らしてこようか？」などの相手を思いやった声かけが自然にできると最高ですね。

4 徹底反復！　ポイント

* プリント配布は正確かつスピーディーに。紙のさばき方は練習あるのみ。
* 声かけが自然にできるよう、教師からの正の評価を忘れずに。

　紙幣をさばくことは銀行では札勘と呼ばれ、新人銀行マンは何度も練習するそうです。この札勘も縦読みと横読みがあり、学校でのプリントさばきは横読みが参考になります。Youtubeなどでも動画が公開されていますので、参考にしてみてください。

　また、プリントを友達に渡すときに声かけをする行為に対し、しっかりと価値づけをしなければなりません。とくに導入当初は先生からのほめ言葉が重要です。教師の強制力（注意など）によって定着を図ろうとすると、その強制力がはたらかない場面（担任不在や、注意のない場面）では児童の姿は元に戻ってしまうでしょう。児童自身がやさしい声かけによって温かい気持ちになれる環境を作っていくことが何より大切です。

　一つの指標として、教師が列に対して配るプリントが1枚足りなかった場面を思い起こしてください。普通は最後尾の児童が「足りませんでした」と言って取りに来るでしょう。しかし、相手意識が高まった集団であれば、最後尾から2番目の児童が配布プリントが足りないことに気づき、自分の分を後ろへ渡した後、教師のところへ取りに来ます。もしくはそれよりも前の児童でも気づくようになります。このような児童をほめない手はありません。ぜひ、全員に紹介し、全体のレベルアップを図りましょう。

（山根僚）

第2章　学級経営に生かす「徹底反復」── プリント配布

第2章　学級経営に生かす「徹底反復」
1年生の補助

1　1年生の補助で鍛える

　人の役に立つ、頼りにされるというのは、だれもが気持ちがよいことです。高学年の子どもたちも、下学年の役に立つ、感謝される仕事などに関して、無条件に意欲をもって取り組むものです。

　教室で掃除や係活動などに意欲をもって取り組まない子も、1年生の手伝いとなると別人のように意欲をもって取り組む姿を目にしたことがあるのは、私だけではないでしょう。

　1年生を補助する場として例えば、給食の準備や片づけ、掃除指導、登下校など多くの場が考えられます。先に挙げたように、高学年の子どもたちは無条件に意欲をもって取り組みますが、そこでも教師が認めたり、さらなる指導を行っていかなかったりすると、折角のチャンスも台無しになります。つまりは、教師が子どもたちを育てるという視点をもっているかにかかってきます。

2　自らを磨く

　私の学級では、誰でもが1年生の手伝いに行けるのではありません。だれもが行きたいからこそ、やるべきことができる子、責任をもって取り組めると判断した子に、1年生の補助をお願いしています。

　例えば、教室での掃除に無言で取り組み、1年生の手本になる子がいたとします。その子を呼んで、「A君、あなたのぞうきんでの床のふき方、1年生の手本となると思うんだ。1年生の掃除の手伝いに行ってくれない？」と声をかけます。すると、「はいっ」と意欲いっぱいに答えます。

もちろん１年生の掃除場所でも、手本として取り組みます。

　他にも、「Ｂさん、どうして１年生の給食当番の手伝い、お願いしたと思う？」と尋ねます。すると、「分かりません」と答えます。そこで、「Ｂさんの先生が見ていなくても丁寧にご飯を入れている姿、１年生の手本だよ。よろしくね」と言います。(全体の場で言うのではなく、１対１で言うことがポイントです)

　その後学級全体の場で、「Ａ君は１年生の教室でも手本となる掃除をしていました。Ｂさんは、１年生の給食準備を学級でやるとき以上にがんばっていました」などとよさをほめていきます。一人をほめているようですが、１年生の補助をするときはどんな姿がいいか、学級全体に指導していることになります。きっとＡ君は掃除だけではなく、他のことでも手本となれるように取り組んでいくことでしょう。

3　他を思いやる

　１年生に対して高学年は、どうしてあげるとよいかわからないということがあります。そこで、６年生にされて喜んでいる１年生の声を紹介したり、ある子がしていた思いやりのある言動などをどんどん紹介したりしていきます。そうすることで、１年生にとってどんなことをされるとうれしいか、どんなことをしたらよいのかということが、高学年も理解をしていきます。

　教師は、１年生の補助に行っているときに、ただそばにいるのではなく、カメラでよい場面を撮影したり、思いやりのある言動などをメモしたりします。そして教室に帰って、紹介したりほめたりします。次に補助に行ったときも同様で、前回どうしてよいかわからず戸惑っていたＣさんが教師が紹介したことを参考に、目線を合わせて話している場面があったら、そのことをしっかりほめていきます。繰り返していく中で、高学年の子どもたちにとって、どんな姿がいいか、さらにどんなことができるか考えさせることができると思います。

4 徹底反復！ ポイント

> ＊ほめるポイントをもって指導にあたる。

　1年生の補助の場では、学級での様子以上にほめるポイントが多くみられることでしょう。子ども自身を成長させるチャンスであると同時に、教師と子どもの関係を強化していくチャンスでもあります。
　掃除場所なら、どうしてその掃除場所にしたかという意図をもって仕事を与えます。同時にその掃除場所でどんな姿を期待するか、教師の中で明確なイメージをもっておきたいものです。子どもの様子を見に行ったときには、しっかりと子どものよさを見つけ、認めていきたいです。そうすることで成長し、さらには自信を強めていくことができるでしょう。

（友田）

第2章　学級経営に生かす「徹底反復」── 1年生の補助

第3章

行事に生かす「徹底反復」

第3章　行事に生かす「徹底反復」
始業式・入学式・就任式

1　教師がほめるポイントをもって式に臨む

　学年始めに、始業式・入学式など多くの式が執り行われます。当然クラス替えがあり、子どもたち同士はまだまだ落ち着かない状態のことが多いと思います。子どもたちは、どの担任になるか、またはどんな先生かドキドキしています。教師と子どもたちの関係、そして子どもたち同士の関係も不安定な時期ですが、一年でいちばんどの子もやる気に満ちているときです。このスタートのときに、できることをしっかり見つけてほめていき、教師と子どもの関係を築いていきたいものです。

　そのためには、式の中でほめるポイントを教師がもって臨むことが大切になります。例えば、ずっと立腰の状態で式に臨んでいる子、立つときに素早く立てる子、大きな口を開けて歌を歌っている子などです。教師は、できている子をチェックしておき、教室でほめていきます。

2　自らを磨く

　子どもたちは、言われなければ多くの場合、無意識です。残念ながら「式だから、姿勢を正して臨むぞ」など、自分で目標をもって臨んでいる子は、少ないでしょう。そこで、できていた子をほめていくことで、姿勢を正すことなどを意識化させていくことにつながります。

　ほめていくことは、できていることを認めていくことです。そうすることで、教師とほめられた子の関係を紡いでいくことができます。しかし、それだけではありません。周りの子に、「そうすればいいのか」と思わせ

第3章　行事に生かす「徹底反復」── 始業式・入学式・就任式

ることでもあります。この後が大切です。おそらく、次の式で「姿勢を正して臨むぞ」という目標をもち、がんばる子がいるでしょう。その子の存在を、見逃してはいけません。先ほどほめたのは、素敵な行動ができている子を増やすことも目的の一つのはずです。式が終わると、「○○くんの姿勢がよくなっていることに驚きました。先ほど、△△さんがほめられたことをまねしたんだね。すごい」とほめます。

このような指導を繰り返すことで、無意識にただ式に参加するのではなく、感謝の気持ちを態度で示すなど自分の目標を意識して式に臨む子が増えていきます。

3 他を思いやる

当然、できている子をほめる指導だけでは、十分ではありません。例えば、入学式で姿勢が悪かったり、私語をしたりしている□□君がいたとします。やはりこのことは、上級生としてふさわしい態度ではなく、式に臨む態度として周りの人に迷惑であり、失礼であることを指導します。指導だけして終わりだと、おそらく次の式でもその子はまた同じ状況を繰り返すでしょう。また、教師と子どもの関係ができていない時期でもあります。逆に言えば、関係を紡ぐチャンスです。

指導の後に、次の式にどんな態度で臨むか□□君に目標を立てさせます。次の式でその目標が達成できていたら、しっかりとほめていきます。指導は、□□君を否定するためではなく、その後の変化を期待してのことです。教師が認めるだけではなく、隣に座っていた子などに「□□君の態度どうだった？」と尋ねます。すると、「一つ前の式より姿勢もよく、私語もなかったから、僕も集中できて気持ちよかった」などと答えてくれるでしょう。これを□□君に伝えることで、やるべきことをしっかりやることは気持ちよいということを学んでいくでしょう。

4 徹底反復！　ポイント

＊教師の「やりきらせる」意識。
＊式以上に多い授業の中で。

　4月は、比較的教師の指導が子どもたちに入りやすい時期です。その時期に、徹底的にやりきらせることを教師がどれだけ意識できているかによって、その後の子どもたちの育ちに大きな変化が生まれてきます。
　どの式においても、教師の指導したことを意識している子を見逃さないということや姿勢を正して臨ませるということを常に意識しておくことが欠かせません。
　また、式だけ姿勢を正せばいいものではありません。教室での学びの延長線として、体育館などに場が変わっても態度として表れてきます。そのことを意識して、教室で、姿勢や素早く立たせることを意識して指導にあたることが重要になります。

(友田)

ワンモア！

　始業式の前日、新6年生が登校して始業準備をする学校も多いことでしょう。学校の新リーダーとしてのスタートであるからこそ、重要な指導場面といえます。
　まず体育館などに児童が集合したら、作業内容と仕事の分担について説明します。このとき、作業内容が目的化しないように話します。つまり、「机を運んだり掃除をしたりするために来たのではなく、新年度を迎えるにあたって、下級生のために準備をすることで最高学年としての自覚をもつために来た」ということを再確認しておく必要があります。
教師) 今日は何をしに来ましたか。
児童) 机を運ぶ。掃除をする。新年度の準備をする。…など
教師) では、何のためにそれをするのですか。

第3章　行事に生かす「徹底反復」——　始業式・入学式・就任式

児童）下級生のため。学校全体のため。…など
のようなやりとりをします。これによって、最高学年としての自覚を促すわけです。

　もちろん、この話だけで全員が遊ばずに熱心に作業してくれればありがたいのですが、そんなことはありえません。必ずおしゃべりする子や遊び半分でする子が現れます。それでも、最初に確認しているので、「今、何をしたらいいと思う？」と声をかけるだけで気づかせることができます。また、「先生、次は何をしたらよいでしょうか」ときいてくる子も増えます。さらには、「先生、〜〜をした方がいいと思いますが、してもいいですか」と主体的な行動をとろうとする子も現れるかもしれません。そのようにきかないまでも自主的に職員室周りのパンジーの鉢の中の草取りをしたり、校庭のクスノキの落ち葉をはいたりと、主体的な行動を起こしている子もいるかもしれません。もちろん、いずれも大いにほめます。

　このような子どもたちが出現したら、全体への波及をねらいましょう。作業が終わって全員へ話をする場があると思います。そこでは「さすが、６年生です。おかげで新年度を迎える準備ができました」と最高学年の意識を高めるような話をすると思いますが、必ず先述の自主的な行動をしていた子どもをほめておきます。「△△君は、体育館のいす並べをした後、まっすぐになっているか一列ずつチェックし、曲がっている列を直していましたね」とか、「◇◇さんは、１年生教室の飾り付けの後、１年生が座るいすを全部ふいてくれていました」と具体的な行動の姿をほめてあげましょう。そして、「みなさんは自分が何のためにここに来たのかをよく考えて行動できました。実に見事な最高学年の姿です」と、行動に対して価値づけをします。価値づけをすることで、望ましい行動の姿が他の子どもたちも意識できるようになります。子どもたちはほめられながら、きっちりと指導されているという状態です。

　この始業準備では、自分たちは何のために来たのかということを考えさせることと、しっかりほめることの２点を徹底反復しています。このようにして新６年を育てていく指導をスタートさせ、さらには全校への広がりを目指していきましょう。

第3章　行事に生かす「徹底反復」
遠　足

1　遠足で鍛える

　遠足は、どの学校でも行われている行事の一つです。しかも、学年がスタートしてすぐの4・5月に行われることが多いことでしょう。
　では、なぜ遠足を行い、また、4・5月という忙しい時期に行うのでしょうか。すぐに出てくる答えとして、「子ども同士の関係（仲）を深める」ということがあります。他にも遠足は、子どもの力を磨くことができることが多くあります。教室から外に出て学ぶからには、多くの成長のチャンスを作ってやりたいものです。

2　自らを磨く

①遠足実行委員
　私は、必ず「遠足実行委員」を結成します。子どもたちは、「リーダーとして引っ張ってみたい」という意欲をもっています。その意欲をさらに育めるように結成します。
　実行委員は、遠足のめあてやきまりを決めます。また、遊びの内容などを考えたり、当日の司会をしたりします。さらに、列の先頭と後ろを歩きます。私は「準備8割」だと考えています。当然子ども任せの実行委員ではなく、教師が一緒になって考えたり、道を作ったりしていきます。そして、何度も練習を繰り返すことで、当日自信を持って全体を引っ張っていくことができます。
②あいさつ・ごみ拾い
　校外に出るということは、日頃の学校の中での取り組みが校外でどれだ

け発揮できるかチャレンジの場だと思います。例えば、あいさつ。「自分から10人以上あいさつをしよう」とめあてを持たせます。

また、私はポケットにごみ袋を持っておきます。そして歩いているときにごみを拾うことに気づいた子がいたら、思いっきりほめます。

教室で取り組んでいることにどれだけチャレンジできるか、また本物の力になってきているか、試す場にすることができます。

3 他を思いやる

①どこを歩く

歩道を歩くとき、並んで歩かせると思います。出発前に、「今日ずっと隣を歩いてくれるペアの人に『お願いします』のあいさつをしましょう」と声をかけます。ペアが男女の場合などは恥ずかしさがあります。しかし、先にあいさつをさせることで、歩く際に自然と会話が弾んでいきます。

デートで歩く際、男性は車が通る方を歩き、女性は車が通らない方を歩くように気配りをすることでしょう。例えば、遠足に異学年で行っている場合は、下学年の子に車が通らない方を歩かせるなどの気配りを高学年に教えるチャンスになります。男子が女子を、も当然よいです。

②グループ遊び

遠足でグループ遊びを行うことでしょう。そこでは、「やっぱりおにごっこしよう」「○○君と遊びたい」などの自分本位の考えが出てくることもあります。

事前に教師が予想をしておき、遠足の事前学習の段階でグループの遊びの約束を決めさせておいたり、遊びの計画を立てさせておいたりすることが大切です。そうすることで、当日勝手な思いで変更するということを防ぐことができます。

そして、グループでルールや約束を守って遊ぶことができたら、しっかりとほめ、「グループで協力することは楽しい」「楽しくするためには、みんなに合わす」などの大切なことを、遠足を通じて感じさせたいものです。

4 徹底反復！　ポイント

> ＊教師間でほめるポイントの確認。

　遠足は学年で行動をすることが多いでしょう。さらには、他学年とも行動を共にすることも多くなるでしょう。その際、教師間で計画などについて十分確認を行っておくことは言うまでもありません。加えて、遠足の目的やどんな行動を期待するかなどについても交流しておくことが大切になります。

　遠足では、子どもたちもいろいろな場に散らばるので目の行き届かないことが多くなります。そこで、さまざまな教師の目で見守り、よさをしっかり認めていきたいものです。担任だけではなく、さまざまな教師が同じ価値観で認めていくことで、子どもたちはさらに伸びていくことになるでしょう。

（友田）

第3章 行事に生かす「徹底反復」── 遠足

> **ワンモア！**

　遠足の行き先はどのように決定されていますか。無難に昨年度の踏襲になっていないでしょうか。もちろん、昨年度まで繰り返し行っている場所は、昨年度までの先生方の英知の結晶かもしれませんから、一概に否定するべきものではありません。しかし、ときに遠足の目的にそぐわない場所もあるようです。自分の学年の児童に対し、どんな遠足を計画すればよいか、一度は考えてみるのもよいでしょう。

　その学校に長く勤めている先輩教師に質問してみましょう。穴場が見つかるかもしれません。もし、本当にふさわしい場所が見つかれば、学年主任や管理職の先生に相談し変更も可能です。ご自身で選んだ場所です。きっと指導にも力が入ることでしょう。

第3章 行事に生かす「徹底反復」
全 校 集 会

1 朝からのスタートが肝心

　定期的に行われる全校朝会。1年生でなければ教室から体育館までの移動の仕方やそこでの態度について、これまでに学んできているはずです。教師が主とならず、子どもたちが学級集団としていかにまとまっているかを見取る絶好の機会です。全学年が集まっている中で、学級、あるいは個人としての態度をしっかり観察します。

2 自らを磨く

①理想的な姿のイメージの共有化をする。
　・時間を守る。（5分前には教室前に集合・出発する）
　・学級代表（学級委員）の指示に従い行動する。
　・移動のときには私語をしない。（休憩時間ではなく学習の構えを作る）
　・服装、みだしなみを整える。
　・整然として始まる時間を待つ。
　・朝のあいさつを全力でする。
　・起立は素早く立つ。
　・話す人の方を見て、反応しながら聞く。
　・起立や前ならえなどの動きで気持ちがきれない。

　以上のポイントを伝えます。「起立」などの動きについては事前に学級で練習したうえで臨ませます。「どうせ立つなら、学校でいちばん速く立てるクラスにしよう」と目標をもたせ、その成果を毎回教師がほめて意識づけさせます。

②振り返りをする。

　全校集会後、学級に帰って自己採点をさせます。
【方法①】
「今日の全校集会での態度を5点満点で自己採点しましょう。全員起立。5点満点だった人は座りましょう」と言い、4点以下の子どもに、自分の課題と次の目標を言わせます。
【方法②】
「今日の全校集会についてです。先生が今何を言いたいかわかりますか。30秒考えましょう」と問い、全員に言わせます。多くの子どもたちは、「課題点」を挙げてくると思います。「なるほど」「そうだね」「次、がんばろう」と伝えます。

　これら【方法①】【方法②】のように、課題を子どもたちから出させることが大切です。教師が口を出したいところですが、教師が伝えるのは初めだけです。あとは、できてきたことをほめることに徹します。

3　他を思いやる

　集会など、多くの人が集まる場所では、自分だけがしっかりすればいいものではありません。周囲の人にも気を配れる力も必要となります。そこで次のポイントを押さえます。
・前後の友達との適切な間隔を作る。
・気分の悪そうな友達がいたら、静かに先生に伝える。
・手悪さや姿勢の悪い友達に注意をする。
・表彰のときには全力で拍手をする。

　これら以外にも、周囲との関わりの場は多くあると思います。ここで重要なのは、「できて当たり前」と思わないことです。できていないことに気づいた場合、「どのようにしたらいいかな」と、子どもたちに投げかけ、子どもたちに解決させます。

4　徹底反復！　ポイント

＊事前準備で本番への意欲を高める。
＊やり直しは徹底的に。

　並び方や移動の仕方など、「理想の姿の共有」をし、集会に臨むことが大切です。しかし、ここで起こり得るのが、「イメージのずれ」です。「素早く立つ」といっても、その「素早く」が人によって違います。このずれを限りなく小さくするためには、やはり練習です。
　「起立」であれば、「1秒で立つ」「物音を立てない」「出る音はサッ」などの指導をします。「移動」であれば、学級代表が手を上げたら「前ならえ」、手を下ろしたら「なおれ」、座るときは「前の人から順番に」といった指導をします。
　1年生でなければ、これまでにそういった指導はされているはずです。しかし、だからといってできるものではありません。まずは、子どもたちにさせて、足りないところを教師が指導し、もう一度させます。できるようになったら、そこをほめ、集会という本番の場で発揮できるよう意欲をもたせます。
　また、集会への移動の際、初めはとにかく徹底して指導します。移動中、一人でも話している子や列を乱している子がいれば、「はい、もう一度」と言い、教室からやり直しをさせます。ここが、勝負のときだと私は考えます。こういった行為を「見逃す」ということは、「容認」することと同様だからです。
　できていない児童に「注意」は必要ですが、それまでに、しっかりとした指導がされているかどうか常に考え、児童をほめるための指導を十分にしたいと考えます。

（砂走）

> **ワンモア！**

　卒業式の練習は始まっています！
　全校集会での態度は、とりもなおさず卒業式の態度に直結します。返事・立ち方・座り方・歩き方・指先を伸ばすなど、４月から指導をするべき内容です。その指導チャンスが全校集会にあると捉えましょう。卒業式が近づいてから慌てて指導しても手遅れです。

第3章 行事に生かす「徹底反復」
避難訓練

1 今、災害が起こったらどうする？

　もし、今、東日本大震災のような巨大地震が起きたらどうしますか…。
　もし、今、凶器を持った不審者が学校に入ってきたらどうしますか…。
　日々、全国各地で小規模ながら地震が発生したり、不審者情報が寄せられたりしていることから、いつでも、どこでも、大きな自然災害や人的災害が起こる危険性があります。そのうえで、避難訓練は、その危機を少しでも回避するために、今できる備えの一つと言えます。避難訓練を定期的に行い、火災・地震・津波等の自然災害や不審者による犯罪等の人的災害が発生したときの対応の仕方を子どもたちに学ばせ、理解させておくことは大切なことです。
　災害が発生するのは、授業中だけでなく、休憩時間や登下校時かもしれません。いつでも適切に避難できるように、子どもたちには自分自身で考え、行動できる力もつけておく必要があります。初めに述べたような問いを日頃から子どもたちへ投げかけ、対応の仕方を考えさせておくことも大切なことです。

2 自らを磨く

　避難訓練を災害への備えとして位置づけるだけでなく、私は子どもたちを鍛える場として活用したいと思います。そこで、避難訓練の実施日には、次のような指導をします。
　★避難訓練の目的
　まず、「避難訓練をする目的は何でしょうか」と子どもたちに問います。

これまで何も考えず避難訓練をしていた子は答えられません。さまざまな考え方があると思いますが、私は「自分と他人の命を守るため」と教えることにしています。

★自分の命を守るために

次に、「自分の命を守るために、どんな気持ちで臨みますか」と問います。自分の命を必死で守ろうと思えば、だらけた気持ちやふざけた気持ちはでてきません。子どもたちは、真剣やまじめといった気持ちを答えると思います。

子どもたちの心構えはできましたが、これではまだ抽象的なので、具体的なイメージをもたせるためにさらに問います。「真剣な気持ちの行動や表情とはどうすることですか」「まじめな気持ちの態度を示すために、外部講師の話をどのように聞きますか」など、これから行う避難訓練のポイントとなる場面から、具体的な行動、表情、態度のイメージを子どもたちに与えられるようにします。でてきた具体例を板書しておくことで、事後指導時に評価することができます。

3 他を思いやる

★他人の命を守るために

そして、避難訓練の合言葉「おかしも」の指導と合わせて、避難訓練は「他人の命を守るため」にすることでもあると教えます。「おかしも」とは、「おさない」「かけない」「しゃべらない」「もどらない」の頭文字をとって避難訓練の合言葉にしたものです。

子どもたちに「おかしも」を守らないとどうなるか考えさせます。例えば、おしたり、かけたりすると自分だけでなく、他人を怪我させてしまいます。また、しゃべると指示が聞こえず、自分だけでなく他人に迷惑をかけます。そして、もどるとその姿を見た人は不安に思います。つまり、自分勝手な行動が、自分の命だけでなく、他人の命まで奪うことにつながると気づかせます。ここでさらに、「君たちは他人の命を奪ってもいいのでしょうか」と問うことで、子どもたちに緊張感をもたせることができると

思います。

　事前・事後指導をきっちりと行うことで、避難訓練を単なる訓練にせず、子どもたちを鍛える場にしたいですね。

4 徹底反復！　ポイント

> ＊事前指導における「避難訓練の目的と心構えの共通認識」
> ＊事前指導における「理想的な避難訓練のイメージの共通認識」
> ＊事後指導における「振り返り・評価」

　避難訓練が子どもたちを鍛える場として効果的なものになるためには、事前指導・事後指導にかかっていると言っても過言ではないと思います。

　普通、避難訓練の指導としては、教師側から「今日は避難訓練があります。まず、〜。次に…」のような避難の仕方を言うだけのことが多いのではないでしょうか。これでは、避難訓練が単なる行事の一つになり、子どもたちを鍛える場とはなりません。

　事前指導で、いかに子どもたちの言葉で心構えを作らせたり、理想とするイメージを具体的にもたせたりするか。また、事後指導で自分たちの行動を振り返らせ、評価させるか。

　訓練だけでなく、事前指導・事後指導をどのように仕組むかを徹底して考え、実践していくことで子どもたちを鍛えていきましょう。

（原田）

資料

〈避難訓練の合言葉〉

- ⓞ おさない
- ⓚ かけない
- ⓛ しゃべらない
- ⓜ もどらない

第3章 行事に生かす「徹底反復」
修学旅行

1 「私」と「公」の違いを学ぶ

　　　　　修学旅行の事前指導に欠かせないのが「公」の意識です。
　修学旅行前に次のような授業をします。
　黒板に次のようなものを掲示していきます。
「家のトイレと学校のトイレ」「自分の家の車内とバスの車内」「自分の部屋と旅館の部屋」の写真を掲示した後、
「違いは何でしょう？」
と聞きます。子どもたちから意見が出た後、「それは、『私』と『公』の違い」とまとめ、次のように語ります。
「『私』とは個人的なこと。『公』とはみんなのこと。『私』は家を含む個人的な空間で、自己責任のもと、ある程度の自由は許されます。しかし、『公』はみんなが使う場所です。そして、そこを使うにはルールがあります。お金を払っているから好き勝手できるということはありません」
　修学旅行でのマナー指導は、この「公」の意識をいかにもたせるかがポイントです。

2 自らを磨く

　修学旅行を単に遊びにしないためには、自分を律し、マナーを守ることが欠かせません。したがって、事前指導もそこに力を入れます。
　修学旅行では多くの文化に触れます。そこで大切になってくるのは次の三つです。
①話を聞く態度

修学旅行では多くの話を聞く場面があります。そこでは話を聞くレベルがあることを教えます。
　　・レベル１　体を向ける。相手を見る。
　　・レベル２　話にうなずきながらメモをとる。
　　・レベル３　メモの中に「？」を加えておき、後で質問をする。
　このレベルを伝えた上で、適宜評価をしていきます。

②時間意識

　修学旅行では普段とは違った景色に思わず時間を忘れてしまうことがあります。しかし、自分のことで全員を待たせることは許されません。そこで、事前に５分前行動の大切さを十分過ぎるほど指導しておきます。例えば、誰かが５分遅れたとすると、100人で待つと全員で500分、８時間以上待つことになることを具体的に指導しておきます。

③あいさつ

　バスの運転手さん、バスガイドさん、ホテルの従業員の方など、出会ったとき、別れのときなど「よろしくお願いします」「ありがとうございました」などのお礼を言えるか。これも事前指導には欠かせないことです。

　これらの３つを事前指導、修学旅行中の指導、事後指導の中で徹底していきます。よい部分はしっかりほめていくことで、自信につながっていきます。

3　他を思いやる

　修学旅行でお世話になったバスの運転手さんやバスガイドさんなどに感謝するのは当たり前ですが、意外と抜けがちになるのは、おうちの人への感謝です。そこで、帰りのバスの中で次のように語ります。
「今回の修学旅行で、あなたたちは支えてくれた多くの人に『ありがとうございました』という感謝の気持ちを伝えてきました。でもいちばんの感謝を伝えなくてはいけないのは、修学旅行に行かせてくれたおうちの方です。当たり前に、旅行ができているのではないのです。まず、家に帰ったら、修学旅行に行かせてもらいありがとうございました、という感謝を伝

えましょう」
　感謝は強要するべきではないという意見もあるかもしれません。しかし、周りに感謝するという人の道を教えるのも教師の役目だと思います。「楽しかった」という思い出だけでなく、「感謝」という気持ちも一緒に修学旅行の思い出としてほしいと思います。

4　徹底反復！　ポイント

> ＊修学旅行で、係の仕事に対しての意識をもたせる。

　修学旅行では、おそらくどの学校も食事係やレク係、生活係などの係を作っていると思います。それらの係にどんな意識をもたせるかで、修学旅行での学びも変わってきます。例えば、食事係。ただ、「いただきます」を言うだけでは、さみしいものがあります。食事係をとおして子どもたちを育てていくのであれば、食事の際のマナー、旅館やホテルの人の食器運びの手伝い、食後のテーブルふきなど、たくさんの指導事項があります。教師がそれぞれの係の指導事項を細分化し、価値づけをしておくことで、それに見合った指導ができます。つまり、修学旅行前にどれだけ教師が個々の係についての価値を見出しておけるかが、成否のポイントとなります。修学旅行をどのように教師が位置づけるか、それによって当然子どもたちの動きも変わってきます。教師も子どももしっかりと準備をして修学旅行に臨みたいですね。

（原）

第3章 行事に生かす「徹底反復」── 修学旅行

> **ワンモア！**

　ある小学校の修学旅行でのお話です。その小学校の6年生は、ある観光地にあるお化け屋敷を楽しみにしていました。色々なアトラクションへ行ったあと、最後にお化け屋敷に入ろうとしたのですが、お化け屋敷は、30分待ちです。このままでは、集合時刻に間に合わず、全体の行動が遅れてしまいます。その子どもたちは、みんなのことを考え、楽しみにしていたお化け屋敷を諦めたのです。まさに諦める勇気です。普段から、時間に対する感覚、友達を思いやる心が育っていないと、このような行動はとれません。学校生活が反映されたよい例だと思います。

第3章 行事に生かす「徹底反復」
運　動　会

1　レベルの高い目標へ向かう運動会

　　　　　　　　運動会は行事です。したがって、普段の授業とはかけ離れたものとして考えられることが多いように思います。しかし、間違いなく運動会は、日常の授業の延長にあります。つまり、日常でいかに子どもたちを鍛えているかが、大切なポイントとなります。

　しかし、運動会での指導は、学級と比べ指導規模が異なります。学年単位の指導では、指導対象となる児童も当然数多く含まれてきます。ここで必要となってくるのが、明確な評価基準です。明確な基準をもつことで、評価がしやすくなります。また、子どもたちも明確な基準があることで、自己評価による自己改善がしやすくなります。

2　自らを磨く

　素晴らしい演技や競技は、次の三つのことに支えられています。練習からこの三つを意識させます。

１．素早い行動

　起立の際、次のように号令をかけます。

「全員、起立。１、２、３」

　ポイントは号令後の３秒カウントです。この３秒をカウントすることで、子どもたちは自分の中に、時間感覚が生まれます。一点突破。毎日これを繰り返し、評価を加えていくことで、行動は速くなっていきます。さらに、素早く起立している子を評価し続けることで、それに引っ張られるように他の子も起立のスピードが速くなっていきます。

２．話を聞く姿勢

話を聞くことは全ての活動の基本です。教師が話し始めたときには、次のことを見ておきます。
　　・体育座りができているか。（石や砂を触っていないか）
　　・体が教師の方を向いているか。
　　・目が教師の方を向いているか。
　この三つを意識して、教師は評価をしていきます。この三つを評価するだけでも、効果的なのですが、ときどき次のようなことを聞いてみます。
「ここまで言ったことを繰り返せる人？」
　すると子どもたちの中で、話を聞き逃さないという視点が生まれます。
3．列で並ぶ
　列で並ぶときには、次のことを十点満点で自己評価させます。
①しゃべらず並べた。
②素早く並べた。
③自分の位置や仲間の位置を考えて並べた。
　並ぶ場面では、この三つを必ず評価していきます。できている子をどんどんほめます。これを繰り返していくことで、静かに素早く並ぶことができるようになります。

3　他を思いやる

　運動会には、団体競技や集団演技などがあります。そこでは、仲間との協力が不可欠です。自分勝手な演技では、感動するものができるはずがありません。仲間意識をつくるため、普段からチーム練習を行います。チームに分けて相互評価を行っていくことで仲間意識が生まれていきます。この仲間意識を高めることで、本番も成功させようという気持ちが高まります。
　また、運動会は保護者にとっても楽しみなことです。保護者への招待状を事前に作っておくことも、相手への思いやりの一つです。相手への思いやりがあってこそより素晴らしい運動会になると思います。

4 徹底反復！ ポイント

> ＊運動会は４月から始まっているという自覚を教師がもつ。
> ＊運動会を素晴らしいものにしたいと教師自身が心から思う。

　運動会はたった一日で終わってしまうものです。しかし、そこには４月からの積み重ねが明確に表れてきます。

　素早い行動や話を聞く姿勢は、教師が４月から意図的に指導していかなければいけません。これは、運動会だけでなく全ての教育活動の土台となるものです。この土台をしっかり作っているからこそ、教師の指導もスムーズに行われます。

　運動会で注意を受ける子の多くは、素早く動けていない子や話を聞くことができていない子です。教師はそれらを改善するべく、必死になって指導を入れます。しかし、普段から意識したことがないことを言われると、子どもと教師の意識に差が生まれます。子どもの心とかけ離れた無理な指導をし続ける。これこそが、子どもと教師の関係を崩す要因となっているように思います。運動会というハレの場は、間違いなく日常のケの連続の上に成り立っているものです。

　また、教師自身がどれだけ運動会を大切な教育の場と位置づけているかも大きなポイントです。教師からのエネルギー量が少ないのに、子どもたちはやる気になる。そんなことはありません。ただ、たんたんと終わらせればよいと考えているのであれば、それなりのものになってしまいます。教師の思いが子どもへの指導に大きく関わってきます。

　いずれにしても、教師がなぜ運動会を行うのか。そこにはどんな意味があるのか。運動会をとおして、子どもたちをどのように育てたいのか。ここを自問自答し、明確な答えを見出しておくことが大切です。

（原）

第3章 行事に生かす「徹底反復」── 運動会

> ワンモア！

　運動会は一人ひとりが主役です。一つ一つの動きの細部にまでこだわりましょう。細部までのこだわりが運動会全体の美しさを決めます。

『こんなとき、どう言う』
○砂遊びをしている子どもへの声かけ
「グランドで演技しているお友達よりも、砂の方が大切なのですか」
○話をだらだらと聞いている子どもへの声かけ
「やる気は指先にでます！」
○体育座りができていない子への声かけ
「体育座りは、体育の授業を受けるための免許です。できない子は無免許です。受けられません」

【体育座りの指導法】
　レベル1　膝をつける
　レベル2　かかとをつける
　レベル3　背筋が伸びている
　列ごと正しい体育座りができているかどうか、競争して確かめるのもよいでしょう。

第3章 行事に生かす「徹底反復」
学習発表会

1 ゴールから逆算して

　「先生、あんな発表をさせて、子どもがかわいそうよ。声が小さいのはあの子の責任ではない、先生の責任ですよ」ある年の学習発表会で、当時勤務していた校長先生から、こんなことを言われました。当時、私は練習で体育館の後ろに立ち、「声を出して！」「まだ小さいよ！」とよく言っていました。クラスでさほど大きい声で発表しない彼女をそのままにしておきながら、学習発表会では大きな声を出せと言う。4月から毎日彼女と接していながら、学習発表会で堂々と自信をもって発表できるための力をつけてやらなかったのは私です。

　大勢の前で自分を表現する機会は学習発表会の日くらいしかありません。学習発表会で自信をもって自分を表現させるためには、日々の指導を重ねること。本番1か月前から「大きな声を出しましょう」「姿勢を正して立ちましょう」と言っても、できるものではありません。ステージに立つ子どもの姿をイメージしてみてください。大きな声でセリフを言っていたり、口を大きく開けて歌っていたりする、そんな姿を思い描くでしょう。そのためには、どのようなことを指導していく必要があるのか、逆算して指導計画をもっておくことが大切です。発表会の練習は4月から始まっているのです。

2 自らを磨く

　劇や総合的な学習の時間の発表であれば、台本を何度も読む。動きを何度も練習する。歌であれば、歌詞を覚える。口をしっかり開け、大きな声で歌う。演奏する曲やリズムを覚える……など集団で一つのものを作り上

げていくのに、努力すべきことはたくさんあります。練習時間だけでなく、休憩時間や家での自主練習なくして、演奏や歌の技術を高めることはできません。

　こういった行事では、技術の向上ばかりに目が向きがちです。しかしながら、誰でもできる当たり前を精一杯がんばる子にちゃんと目を向け、評価することが大切です。例えば、「黙って並ぶ」「動かない」「指揮者を見る」などです。「かゆくてもかかない」「音がする方が気になっても、視線をそらさない」など、全体の場では我慢を強いられる場面は多々あります。その我慢ができる子を見逃さず、ほめ、手本として取り上げることで、全体の雰囲気を高めていきます。そして、全体がそろう美しさを味わわせるとともに、みんなで一つのものを作り上げていく喜びを感じさせます。そして「全体の中の一人」という意識から「全体をつくる一人」という意識へ変えていき、「自分くらい」ではなく「自分がしなくては」とかけがえのない一人であることを意識させましょう。

3　他者を思いやる

　練習を重ねると、自分のセリフや音を覚え、台本や楽譜を見なくてもできるようになってきます。前のセリフを言う子が欠席したら……セリフを覚えていない子がいたら……忘れた子がいたら……そんなとき、そっと教えてあげる子や替わりに言う子がいるはずです。たまたま覚えていただけかもしれませんが、その子には「すごい！友達のセリフまで覚えているんだね」と声をかけます。そして「もし、自分の前にセリフを言う友達が今日のように休んだら、練習がストップしてしまうよね。でも、こうやって友達の分まで覚えておくと、みんなが助かるよね」と、その行動を価値づけます。そして、人を思いやる行動は、自分を高めることにもつながることに気づかせることができればこっちのものです。子どもの行動を評価する声かけのタイミングを逃すことがないように、練習の様子にしっかり目を配ることが大切です。

4 徹底反復！ ポイント

＊ゴール（年度末）の児童が育った姿のイメージを具体的にもつ。
＊個々の実態を把握し、「できるようになったこと」に目を向けた声かけを行う。
＊同じレベルで根気よく指導を続ける。

　4月の児童の実態を把握し、年度末に児童がどのような姿になっていたらよいか、育った姿のイメージをもちます。そして、そうなるためには、どのような指導を行えばよいかを考えます。声の大きさであれば「班に聞こえる声」「学級の半分程度に聞こえる声」「学級全体に聞こえる声」。立ち方であれば、「返事をして起立する」「机にもたれない」「背筋を伸ばす」。あいさつであれば……というように具体的であればあるほどよいでしょう。
　定着するまでは、同じレベルで根気強く繰り返し指導します。小さな声で返事をした児童に対して、「昨日は何度もやり直しをさせたのに、今日はさせなかった」では、徹底を図ることはできません。しかし、今のレベルは個によって違います。大きな声を出しにくい子もいます。「今の声は2列目までは聞こえたから、もう一列前まで声を届けてみて」など、みんなを巻き込み、できるようになったことに目を向けながら、レベルアップを図りましょう。大切なのは、一人ひとりの違いを認め、それを踏まえたうえで、今よりも高いレベルにしてやることです。修了式の日の健康観察までに、どれだけ変えてやることができるかなのです。

（後藤）

第3章　行事に生かす「徹底反復」── 学習発表会

ワンモア！

　声を出す指導は、自信と深く関わっています。例えば、文字が正確に読めたり、書けたりするかは、表現力との関わりが大きいと思います。

　国語が苦手な子どもの中には、ひらがなの五十音が正確に読めなかったり、書けなかったりしていることがよくあります。

　かたかなも同様です。かたかなは、ひらがなと比べて、読んだり書いたりする機会が圧倒的に少ないので、定着していなことが多いのです。

　ひらがなやかたかなの正確な読み書きができるようになって、初めて漢字学習に入れるのです。

　表現力を磨くことも重要ですが、4月の段階で、ひらがな・かたかなの定着度をチェックしておくことをおすすめします。

第3章 行事に生かす「徹底反復」
音楽発表会

1 日々のがんばりの続きとしてあるもの

ある年に担任した6年生の作文です。

> 　先生が礼をする。ついに出番が来たのだ。今までの練習の結果として出る。今日の音楽発表会。あまり実感がわかない中、始まっていく。しかし、日々のがんばりの続きとしてあるものだから、特別なことはないと思う。
> 　合唱の曲の最後をそろえることができたのも、みんなの心が一つになったからである。この曲をこんなに美しく仕上げることができたのも、そこにいる人みんながまとまることができたからだ。
> 　私が特に心配していたのは、合奏だった。なかなか強弱に気を付けることができなかったからだ。ソロを目立たせるために工夫を積み重ねながら、よりお客様によい演奏を届けられるようにした。
> 　そして、本番。私はさまざまな気持ちを抱えていたが、今まででいちばんよい演奏をすることに成功した。立って礼をする。
> 「アンコール」
> の声の後に、手拍子が続き2回目の演奏が始まった。私は言葉では表せないほどのうれしさ、そして喜びを感じることができた。これこそが、今まで積み重ねてきた努力を裏切らないということだろう。夏休み前からコツコツと練習を続け、がんばってきた私たちへのごほうびのように思えた。

　本校では、学校行事における文化的行事の一つに「音楽発表会」が開か

れます。学習指導要領では次のように示されています。

「平素の学習活動の成果を発表し、その向上の意欲を一層高めたり、文化や芸術に親しんだりするような活動を行うこと」

大切なのは「平素の学習活動の成果を発表する」ことです。子どもの作文にもあるように「日々のがんばりの続きとしてあるもの」なのです。

この行事のために特別なことをするのではなく、日常の授業や生活の中で教師がどれだけ子どもたちを育てているのかが試される場であるという考えをもつ必要があります。

2 自らを磨く

音楽を発表するから、音楽の授業で子どもたちを育てたらいい…のではありません。私の学級では音楽は専科の先生が授業をされます。確かに音楽の専門的な技術や内容についてはお任せするところがあります。しかし、私たちは音楽発表会をすることがねらいではありません。学習指導要領の解説には「文化的行事」のねらいとして次のように書かれています。

「児童が学校生活を楽しく豊かなものにするため、互いに努力を認めながら協力して、美しいもの、よりよいものをつくり出し、互いに発表し合うことにより、自他のよさを見付け合う喜びを感得するとともに、自己の成長を振り返り、自己を伸ばそうとする意欲をもてるようにする。また、文化や芸術に親しみ、美しいものや優れたものに触れることによって豊かな情操を育てる。」

このような視点で見たとき、私は発表すること、つまり自分自身を表現することを大切にしています。

はじめは、音読や暗唱などをとおして声を出すことを繰り返し行います。このことについては、私が述べるまでもなく、さまざまな本で徹底反復の方法が紹介されているので、詳しくは書きません。ただし、大切にしたいのは「楽しく」です。みんなの前で声を出すことが「楽しい」と思えるようにしていく必要があります。そして、声を出すことに慣れさせていきます。

そして、自分の思いや考えを発表する場面をつくっていくことです。列

による指名や指名なしの発表など、方法はさまざまあります。とにかく、全員が1時間の授業の中で最低1回は声を出して自分の思いや考えを発表するように仕組んでいきます。全員が発表しなければならない状態へと追い込むのです。

　この原稿を書くように薦めてくださった山根僚介先生と道徳の授業を行っていますが、作文を書いたクラスの子どもたちは毎時間常に指名なしの発表で、全員が複数回発表していました。

　当然、発表することに苦手意識をもっている子もいます。はじめは友達の考えと同じでもよいのです。もし「私も」や「○○くんと同じで」というような発表をしたら、うんとほめてあげれば、また次への意欲になるでしょう。

　このように、授業の中で自分自身を表現する場面をつくることで、はじめは「発表しなければならない」という思いが、繰り返し行うことによって「発表しよう」「発表したい」という思いへと変わることが、自分を磨く姿になるのではないでしょうか。

　そのような子どもは、表現方法が歌声になっても、楽器演奏になっても、進んで表現することになります。

3 他を思いやる

　子どもの作文の中に「みんなの心が一つになったからである」「そこにいる人みんながまとまることができたからだ」「がんばってきた私たちへのごほうび」など、「互いの努力を認めながら協力する」姿や「自他のよさを見つけ合う喜びを感得する」姿の一端が見てとれます

　このように、自分と同じようにがんばった周りの友達、または他の学年の人達のがんばりを感じとれる子どもに育てていきたいです。

　そのためには、日常の授業です。

　例えば、発表の際に間違うことを恐れず勇気をもって最初に発表した子どもに拍手を送ったり、全員が発表できたときには全員で拍手を送り合ったりするような場面をつくっていきます。

また、一人で学習するよりも二人、三人で学習する方が楽しく、学びが深まる経験を授業の中で仕組むことも大切です。簡単なところでは「『あ』から始まる言葉をできるだけたくさん書きなさい」という指示を出し、一人の場合と複数人の場合とを比べてみます。こうした経験の積み重ねが、合唱や合奏でのハーモニーや音の重なりの美しさにつながっていくものと考えます。

このように、授業の中で自分自身を表現する場面をつくり、教師による評価はもちろん子ども同士の評価をすることを繰り返す中で、他人を思いやる姿になるのではないでしょうか。

4 徹底反復！ ポイント

> ＊日々の授業の先に行事があるので、日々の授業が「自らを磨く」「他を思いやる」ための指導をする場面であるという意識を教師がもつ。
> ＊子どもたちが「発表したい」という思いをもつように、楽しく、かつ確実にやらせきる指導を繰り返す。

音楽発表時に指導をしなければならないことを挙げてみます。歩いて入場する、ステージの上に立つ、礼をする、歌を歌う、友達の歌声を聴く、友達の歌声に合わせる、楽器を演奏する、他の楽器に合わせる、他の発表のよいところを見つける…など。

これらの指導はこれまで書いたように音楽発表会の練習のときだけにすることではありません。日々、さまざまな場面で繰り返し指導していることです。大切なことはやはり「楽しく」かつ「確実にやりきる」ことだと思います。

何より教師自身がまず自分自身を表現することです。一緒に歌ったり、楽器を演奏したりするなど、自分のできることを実践するとよいでしょう。私の場合は学年通信や学級通信で表現することにしています。

（川上）

第3章 行事に生かす「徹底反復」
マラソン大会

1　マラソンには、児童の学級での姿が出る

　どの学校も、冬になるとマラソン大会やそれに向けた練習をしていることと思います。一生懸命走っている児童の姿に喜ぶ反面、そうでない児童の姿が気になったりもします。練習の際にクラスの児童一人ひとりの様子をよく観察してみると、私には、児童の学級での姿がそのまま出ているように見えます。教室でしっかりがんばれている児童は、マラソンもしっかりがんばっていますが、そうでない児童は……。

　マラソン大会では、学習指導要領に示された体育の目標、体育的行事の目標に向かって児童を指導します。私はそれに加えて、自分の力を出しきることの充実感と、仲間と共にがんばることの喜びを、児童に味わってもらいたいと考えています。特に、教室での様子が気になる児童については、マラソンでのがんばりをきっかけに、他の場面でのがんばりにつなげていきたいものです。「一事が万事」、一つのことをやりきることができたら、他のことでも絶対にがんばれると、私は確信しています。

2　自らを磨く

　まず、学級指導や学年指導の場をもち、マラソンをがんばることの意義について児童と共に考える時間をもちます。マラソンは自分を鍛える場であり、マラソンに真剣に取り組むことが、他の場面でのがんばりや他者からの信頼につながることを確認します。その後、「マラソン大会終了後までに運動場を○周走る」という具体的な目標と、計画を立てさせます。その際に、児童への過度の負担とならないように留意することが大切です。

第3章　行事に生かす「徹底反復」──マラソン大会

運動場を〇周走るというのは、児童にとって具体的でわかりやすく、また、努力すれば誰にでも達成できる目標であると考えます。その際に、マラソンカードを活用し、児童のがんばりの「見える化」を図ります。本校で使用しているマラソンカード（高学年用）は、児童が運動場を200周走ると日本１周できるようになっていて、多くの児童が楽しそうに使っています。教師は、絶えず児童を励まし続け、目標の達成を一緒に喜ぶ姿勢が大切です。自分の力を出しきった充実感と目標を達成した喜びは、必ず次のがんばりにつながるものと確信しています。

　また、マラソンは他者との競走であり、それをとおして自らを磨くことをがんばらせたいと思います。コース練習の前にはノートに目標を書かせ、終わるとすぐに児童一人ひとりに順位とタイムを伝え、その場でほめたり励ましたりします。また、目標に対する振り返りもその日のうちにさせます。自身の成長がモチベーションになる児童もいれば、他者との競走がモチベーションになる児童もいます。１位、３位、６位と、優勝や入賞の基準になる児童のタイムを伝え、優勝、３位以内、６位入賞などの目標を児童にもたせ、意欲づけをします。

　マラソン大会をとおして、自らを磨き、高い目標とくじけない心をもつ児童を育てていきたいものです。

３　他を思いやる

　マラソンの練習をしていると、男女関係なく、自然に友達を応援している姿が見られ、とてもほほえましく思います。私は今５年生を担任していますが、「学年の全員がマラソン大会までに運動場を100周走りきる」という目標を掲げ、取り組みました。目標は、一人で達成するよりも仲間で達成した方が、喜びが大きいものです。100周達成した児童が、まだ達成していない児童を気にかけたり、休み時間に一緒に走ったりする姿も見られ、うれしく思いました。マラソンは、楽しさよりも苦しさの方が多いかもしれませんが、だからこそ他を思いやり、友達と一緒にがんばることに意義があると考えます。

マラソン練習の後には、よくがんばっていた児童についてお互いに交流する場を設けます。教師が練習前に予告しておくことで、児童は他の児童のがんばっている様子を真剣に観察します。友達に認めてもらうことが児童にとって大きな励みになります。児童から名前が挙がらなかったけれどがんばっていた児童については、教師が紹介し、大いにほめます。がんばっている友達を見つけた児童も、「友達のよいところをしっかり見つけたね」と、当然ほめます。特に、気になる児童については、少しでも成長が見られたら、そこを具体的にほめます。あるとき、学級のＡ君に途中で歩かずにゆっくりでも走り続けることをアドバイスしました。Ａ君はそれをがんばってやりとげたので、練習終了後すぐに呼んでほめました。しかも順位も上がっていたので、本当にうれしそうにしていました。また、友達からの声かけも、うれしく思っているようでした。Ａ君は、練習を始めた頃は開始時間に遅れたりつまらなそうに走っていたりする姿が見られましたが、練習を重ねるごとに真剣になっていく姿が見られるようになりました。Ａ君は、マラソン大会当日も粘り強く走りきり、最高タイムを出すことができました。この成功体験を、必ず次につなげたいと思っています。

　マラソン大会をとおして、教師と児童をつなぐ「縦糸」と児童同士をつなぐ「横糸」をしっかり張り、他を思いやることのできる児童に育てていきたいものです。

4 徹底反復！　ポイント

> ＊運動場〇周という具体的な目標を立てさせ、教師も常に声かけをしていく。
> ＊学級や学年全体で運動場〇周という目標を設定し、友達同士で助け合って目標達成に向かわせる。

　マラソンこそ、まさに徹底反復！　目標を定めたら、毎日ひたすら走り続けるだけかもしれません。しかし、単純であるからこそやり続ければ確実に力がつき、児童の自信につながります。

第3章　行事に生かす「徹底反復」―― マラソン大会

　そのためには、決めたことは必ずやりきらせるという、教師の断固たる覚悟が必要不可欠です。児童全員が100周という目標を達成するために、教師はありとあらゆる努力をします。

　マラソン大会終了後には、今までの努力を振り返り、自分たちの成長を喜び合い、次の目標につなげたいものです。今年の担当学年は、全員が100周という目標を達成し、最後の児童が100周走りきったときには、大きな歓声が起こりました。マラソン大会当日も、学級の全員が力を出しきり、36人中30人の児童が最高タイムを出すことができました。子どもたち一人ひとりが、自らを磨き、他を思いやった成果であると考えます。単純なことを徹底して繰り返すことが、児童の力を引き出すのに大変有効であることを、日々痛感しています。

（井上）

第3章 行事に生かす「徹底反復」
児童会選挙

1 児童会選挙とは

　教育基本法の第1条（教育の目的）に書かれていることを、すぐに言えるでしょうか？　ちなみに、「教育は、人格の完成を目指し、平和で民主的な国家及び社会の形成者として必要な資質を備えた心身ともに健康な国民の育成を期して行われなければならない。」と記されています。

　学校では、子どもたちの学力を高めていくことはもちろん大切です。加えて、日本国を形成する一人として必要な力も身につけさせていく必要があります。

　児童会選挙で、次のような場面はないでしょうか。男子は男子に投票する、仲のいい子に投票する、「投票してね」と約束して投票をうながすなどです。これらを許していてはいけません。

　児童会選挙では、学校は教師だけではなく子どもたちも一緒に創っていること、民主的な社会のあり方を学ぶこと、「選挙」のルールを学ぶことなど、多くの学びがあります。

2 自らを磨く

①立候補する勇気

　立候補する子は、6年生が中心になるでしょう。立候補する子を募集したときに、多くの子が立候補できる環境や立候補する勇気を育む学級経営を日頃から行っていきたいものです。まずは、立候補した子をしっかり認めていくことが欠かせません。

　次に、立候補していない子にも学校を創っている一人として、「どんな

学校にしていきたいか」などを考えさせたいです。そうすることで、立候補した子だけが考える選挙から、学校みんなで同じ方向を向いてよりよい学校を創っていくことにつながっていきます。

②伸びる場

　演説会などは、子どもたちがとっても緊張する場です。多くの人の前で、自分の思いを語ることは、大人でも緊張します。これだけ緊張をする場は、なかなかあるものではありません。そして、どの子も経験できる場ではありません。

　読む声の大きさ・スピードの練習、礼の仕方など何度もつきあい、自信をもって臨ませたいものです。そして、当日力を出しきったことをしっかりとほめ、今後の生活の場につなげていけるようにしていきたいものです。

3　他を思いやる

①みんなで応援

　立候補者だけではなく、学級や学年全員でフォローをすることで、子どもたちの代表を選ぶという思いが高まっていきます。ポスターを作ることやあいさつ運動など、立候補した子たちをみんなで応援していきたいものです。ただ、そこで「A君は、B候補を応援しているから敵だ」とならないように、指導が欠かせません。

②選挙のマナー

　子どもたちにとって、学校の中での選挙と衆議院などの選挙が結びつきにくいということがあります。そこで、選挙を行う意味や有権者としてのマナーなども重要な指導事項です。

③選挙後を見通して

　児童会選挙は、子どもたち一人ひとりの成長の場であり、学校全体がまとまるチャンスです。児童会長になれた子もなれなかった子も、自分の思っていた人が委員長になった子もそうでなかった子も、みんな学校をよくしていきたいという思いは共通しています。選挙だけを見すえて取り組むのではなく、どうして選挙を行うのか、さらにはその後を見通して取り

組むことが重要になります。

4 徹底反復！ ポイント

> ＊日頃からの指導の繰り返し。

　児童会選挙は、特別な場です。しかし、「児童会選挙のための指導」にならないようにしたいと思います。児童会選挙のときだけ、「ハキハキと演説をしよう」「堂々と意見を言おう」「姿勢を正して」などと指導をしても、すぐにはできるようになりにくいです。そして、選挙以降の子どもたちの力になりにくいものです。その場だけの指導をしていると、「先生が言う特別なときだけがんばればいい」と指導をしていることにもなりかねません。

　そこで児童会選挙だけではなく、日頃から発表の声や姿勢などを繰り返し指導にあたっていきたいものです。成長したことを示す、さらにはさらなる成長へ挑戦する一つの場として、「児童会選挙」をとらえていく必要があります。そのためにも、教師自身が、「この行事では子どもたちにこんな姿で臨ませたい」という指導のイメージを、4月の段階に計画しておきましょう。

（友田）

第3章　行事に生かす「徹底反復」── 児童会選挙

> **ワンモア！**

　あえて厳しいことを述べます。児童会選挙は必ず行わなければならないのでしょうか。児童会選挙を必ずするべきものと思い込んでいないでしょうか。実は、学習指導要領には児童会選挙の文言はありません。それでも選挙を行う理由は何でしょうか。

　実際、選挙をせずに高学年の学級からやる気のある児童が集まって児童会を結成している学校もあります。そこに選挙をしないことによる弊害は見られません。逆に選挙をしないことで選挙運動や立会演説会に必要な時間を節約することができます。ただ、選挙をしないので演説をするという貴重な経験は体験できません。その分、就任式で児童会役員としての抱負を述べる場を設ける工夫をします。いかがでしょうか。選挙はしなければならないでしょうか。

　もちろん、選挙を実施することも大きな教育的効果があることは自明です。皆様にお伝えしたいのは、「〜ねばならない」がとかく教育の世界には多く、妄信的になりやすいということです。一つ一つの行事の意義を考えながら、企画・実施していきましょう。

第3章　行事に生かす「徹底反復」
６年生を送る会

1　学校に文化を残す会

　必ずどの学校にも、６年生を送る会があります。卒業式があるのに、なぜわざわざ６年生を送る会をするのでしょうか。
　卒業式と６年生を送る会の大きな違いは、次の二つと考えます。
　一つ目は、他学年の参加の有無です。大規模な学校の卒業式では、参加学年は５年生に限られます。しかし、６年生を送る会では、基本的に全学年が参加します。
　二つ目は、各学年からの出し物です。卒業式では、小規模校でない限り全学年からの出し物はありません。しかし、６年生を送る会では、全学年からの出し物があります。
　実はこの二つの認識が６年生を送る会を進めていくうえで欠かせません。全員参加の６年生を送る会は、６年生のすごさを他の学年にアピールするチャンスです。さらに、他学年も出し物をするため、６年生の出し物との比較が自然に生まれます。６年生が他学年のレベルを超える演奏や歌などを披露すれば、自然と６年生への憧れが生まれます。そして、この憧れこそが、学校の文化として残っていきます。つまり、６年生を送る会とは、学校に文化を残す会なのです。教師は、学校の歴史を作るという気持ちをもち、６年生を送る会を準備しなくてはいけません。

2　自らを磨く

　自らを磨くためには、練習が不可欠です。ではどうすれば意欲をもって練習をするようになるのでしょうか。それは、現在の自分では手の届かな

いレベルのものを用意することです。普段とは違うレベルのものであれば、子どもたちは、6年生を送る会への特別感が生まれます。この特別感が、6年生のやる気につながっていきます。歌や合奏では、レベルの高いものを用意します。詩の暗唱や群読では、普段なかなか触れていないような漢詩、または平家物語のような長文もよいかもしれません。もし、歌や合奏と関わるのであれば、音楽専科の先生と連携を図らなければなりません。そこで、レベルの高いものを用意することの趣旨を伝えます。レベルの高いものであれば、その分練習も必要となってきます。練習では、子どもたちも粘り強く取り組まなくてはいけないため、担任と専科との共通認識を事前に図っておくことが大切です。

　レベルの高いものに挑戦するからこそ、自らを磨くことができ、達成感が生まれます。

3　他を思いやる

　6年生を送る会で「他を思いやる」とは、他学年への感謝を伴った具体的な動きです。感謝の気持ちをもち、6年生を送る会を行うためには、他学年の準備時間を可視化する必要があります。板書をしながら6年生に語ります。
「1年生が6年生を送る会のために、準備した時間は4時間です。1年生から5年生まであるので、4時間×5学年＝20時間です。さらに、一人ひとりの準備時間も考えていきます。1年生から5年生までが、300人とすると、20時間×300人＝6000時間。6年生の卒業を祝うため、どれだけの人が、みなさんのために時間を使ってくれているのでしょうか。6年生を送る会には、どんな気持ちで臨めばよいと思いますか？」
　奈良の土作彰先生は、「感謝の反対は当たり前」だと言われています。毎年行われる6年生を送る会も、ある面当たり前となっている部分もあります。教師は、そこにメスを入れ、当たり前ではないことに気づかせる必要があります。逆に、当たり前ではないことに気づくと、子どもたちの物事への取り組み方が変わります。教師は、子どもたちの心構えを作ること

をまず第一に考える必要があります。指導はそこからがスタートです。

4　徹底反復！　ポイント

> ＊6年生を送る会の成功像を他の教師と共有し指導にあたる。

　6年生を送る会のイメージが漠然としたままでは、明確な指導をすることはできません。教師が6年生を送る会のはっきりとした成功像をもち、それを他の教師と共有しておくことが非常に重要になってきます。イメージを共有することで、指導のぶれやクラス間の温度差が少なくなります。6年生を送る会での出し物は、クラス単位ではなく学年単位です。クラス間の温度差が大き過ぎると、全体のレベルを上げることが難しくなります。一方のクラスでは、高みを目指しているのに、一方のクラスでは、やる気になっていない。これでは、よい出し物を披露することはできません。人は低きに流れやすいと言われます。だからこそ、教員間で高いレベルのものを共有しておかなければいけません。教師間の温度差がクラス間の温度差とならないよう、教師の心構えを作る。これが指導の第一歩です。

（原）

第3章　行事に生かす「徹底反復」── 6年生を送る会

> ワンモア！

　6年生を送る会では、6年生を感謝の気持ちで送りたいものです。しかし、6年生に感謝ができにくい学年があります。それは、2年生と3年生です。4年生と5年生は、委員会、クラブなど、6年生と関わる機会がたくさんあります。1年生は、掃除や給食当番を6年生に手伝ってもらうことが多くあります。しかし、2年生と3年生は、登校班くらいしか、6年生と関わる機会がないのです。

　ですから、学校としては、縦割り班でゲームや掃除を仕組むなどして、なるべく6年生と関わる機会を増やしていく必要があると思います。感謝の気持ちは、関わらなければ、到底生まれることはないでしょう。

第3章　行事に生かす「徹底反復」
卒 業 式

1　日常指導あってこその卒業式

　みなさんは、儀式的行事のねらいと内容をご存知ですか。「学習指導要領　特別活動編」には、次のように書かれています。「学校生活に有意義な変化や折り目をつけ、厳粛で清新な気分を味わい、新しい生活への動機付けとなるような活動を行うこと。」では、どうすればそのような気分を子どもに味わわせることができるでしょうか。

　実施上の留意点には、次のように書かれています。「入学式や卒業式などの儀式的行事を行う場合には、学級活動などにおける指導との関連を図って、それらの行事の意義が児童に理解できるようにする。」儀式的行事では、「厳粛で清新な気分を子どもに味わわせる」ために、普段の「学級活動における指導」が大切であると、学習指導要領に明記されています。

2　自らを磨く

　儀式的行事を構成する大きな要素は、
　①起立
　②気をつけ
　③礼
　④着席
　主には、この四つの要素で成り立っています。この四つの要素は、普段の学校生活の中で、数多く取り入れられています。例えば、朝のあいさつ、帰りのあいさつで、毎日行います。1日2回として、5日間、35週続けたとすると、それだけでも、2回×5日×35週＝350回もの礼を繰り返

し学校では行っているのです。1年生から考えると、350回を6回繰り返していることになります。つまり、卒業式の場で、それらができるのは、当たり前だと言えます。しかし現実はどうでしょうか。まず、教師自身が、正しい起立、気をつけ、礼、着席がどのようなものなのか、イメージしている必要があります。

①起立

　1秒で立たせます。「素早く立てる子が集中力のある賢い子」だと教えます。

②気をつけ

　中指に意識を集中させます。中指が体の横でピンと伸び、さらに腰骨が立った状態（背筋が伸びた状態）がよい姿勢です。

③礼

　腰から体を折ります。1、2で体を倒し、3で素早く起こします。

④着席

　素早く座ります。このとき、音を立てないとさらによいです。

　教師が以上のような基準をもち、日常生活の中で繰り返し指導することが大切です。

3 他を思いやる

　朝の会で「感謝宣言」を取り入れます。班内で一人ずつ、ご両親や友達、先生、地域の方々に対し、6年間の感謝の気持ちを表します。

　例えば、「おはようございます！　毎日、わたしのために働いてくれる両親のために、今日一日、勉強をがんばります！　よろしくお願いします」と班の中で言い合う活動をします。

　「心田（しんでん）」という言葉あります。文字通り、心の田ですが、人間、心田を耕し、意識を変えていかなければ、正しい行動はできません。心田を耕すことのできるいちばんの近道は、他に対する感謝と思いやりだと、私は感じています。それを堂々と繰り返し宣言することで、卒業式に対する自覚が芽生え、立派な行動がとれるようになることでしょう。

4　徹底反復！　ポイント

＊普段の指導が卒業式に反映される。
＊卒業式で行う、起立、気をつけ、礼、着席を普段から、徹底的に指導する。
＊心田（しんでん）を耕す。

　卒業式は、小学校生活６年間の集大成を披露する場です。卒業式の練習を、卒業式だけのものとしてとらえて、やってしまうとうまくいかない場合があると思います。なぜなら、卒業式で行う基本動作は、６年間の学校生活の中で繰り返し行ってきた当たり前のことだからです。基本動作に正しいイメージをもち、繰り返し訓練されていれば、卒業式であわてる必要はないでしょう。つまり、すべての教師は、数年後、必ずおとずれる卒業式に向け、「目の前にいる子を、立派に卒業式の場に立たせてやるんだ」という強い意思をもって、日々の学級活動に取り組んでいかなければならないということだと思います。「起立、気をつけ、礼、着席」という一連の活動は、朝のあいさつや帰りのあいさつで６年間、数限りなく、繰り返して行うはずです。このような日々の指導をおろそかにしては、卒業式だけでなく、その他儀式的行事や運動会、学習発表会などの指導は、不可能ではないかと私は考えています。教師が正しいイメージをもち、時には、やり直し指導も辞さない覚悟で、子どもを日々、鍛えていきたいものです。
　一方、形だけ教えても、それは本当にあってほしい子どもの姿ではありません。そもそも、なぜ姿勢を正すのか、なぜ礼をするのか。なぜ、素早く立ったり座ったりするのか。それらは全て、相手に対する「気遣い」や「感謝」から生じる行為であると思うのです。形を教えることも大切ですが、普段の指導を通じて、心も同時に耕してやりたいものですね。

（山根大）

第3章　行事に生かす「徹底反復」── 卒業式

資料

①基本動作チェックリスト

	／（　）	／（　）	／（　）	／（　）	／（　）	／（　）	／（　）	／（　）
①								
②								
③								
④								

②「感謝宣言」を計画しよう

①どの時間でやるか

②「感謝宣言」具体例

あとがき

　最後まで読んでいただき、ありがとうございました。
　私が徹底反復学習に出会ったのは、今から9年前の秋のことでした。尾道市立土堂小学校では、モジュール授業が設けられ、百ます計算をはじめ、音読、漢字前倒し学習などが盛んに行われていました。その様子は、今の土堂小学校でもかわりません。子どもたちが生き生きと学ぶその姿を見て、私は学校をかわっても、徹底反復学習を継続して行ってきました。そして、子どもたちが基礎基本の力を身につけ、飛躍的に向上していく姿を目の当たりにしてきました。
　一方で、土堂小学校時代からお世話になっている同年代の先生方とサークル活動もはじめました。最初は、月に一度、公民館の一室を借り、雑談を重ねる程度でしたが、ふと気がつくと5年の歳月が流れ、その中で多くの学びを仲間と共有したのです。
　そんなある日のことです。いつものようにサークル活動をしているとき、仲間の先生の一人が、こんなことをおっしゃられたのです。「学習にも徹底反復があるけど、生活面でもあるよね」と。私も思わず、「そのとおりですね。普段の学校の生活の中で、反復指導していることって、たくさんありますよね。例えば『姿勢』とか！」と話し始めたのが、この本の始まりでした。「あれも生活面での徹底反復だよね」「私は、こんなこともしていますよ」と話し合いが進む中、実は、仲間うちで多くの実践があることがわかってきたのです。ちょうど、中村堂の中村社長が、出版会社を立ち上げられた時期と重なり、本を出してくださるという話もまとまりました。そして、できたのがこの本です。生活面での徹底反復指導が網羅された本になったと自負しております。この本を先生方の学級づくりで役立てていただければ、これ以上の喜びはありません。
　最後に、徹底反復学習を世に広められ、我々に常に温かく指導してくださっている陰山英男先生、「自らを磨き、他を思いやる」という言葉を我々に教えてくださった土作彰先生、出版に際し、細やかなアドバイスを

あとがき

していただいた中村堂の中村社長、そしていつもサークル活動をともにし、学び合っている仲間たち、私たちが学んでいる間、家庭を支えてくださっているご家族のみなさまに感謝の気持ちを申し述べさせていただき、あとがきとさせていただきます。

2014年3月1日
徹底反復研究会中国支部福山支部長　山根大文

著者紹介

徹底反復研究会　中国支部　　※五十音順

- 井上　努（広島県小学校教諭）
- 後藤愛沙（広島県小学校教諭）
- 砂走敏和（広島県小学校教諭）
- 中國達彬（広島県小学校教諭）
- 原龍太郎（広島県小学校教諭）
- 松森靖行（大阪府小学校教諭）
- 山根僚介（徹底反復研究会副代表、中国支部長、広島県小学校教諭）
- 川上秀和（広島県小学校教諭）
- 島田幸夫（広島県小学校教諭）
- 友田真（徹底反復研究会広島支部長、広島県小学校教諭）
- 野中大輔（広島県小学校教諭）
- 原田圭輔（広島県小学校教諭）
- 山根大文（徹底反復研究会福山支部長、広島県小学校教諭）

監修者紹介

陰山英男

徹底反復研究会代表
立命館大学 教育開発推進機構 教授（立命館小学校校長顧問）
文部科学省 中央教育審議会　教育課程部会委員
大阪府教育委員会委員長
NPO 法人日本教育再興連盟 代表理事

※すべて 2014 年 4 月 1 日現在

「徹底反復研究会」のご紹介

徹底反復研究会では、次の 3 つの目的を柱に、教育活動に取り組んでいます
○読み書き計算の徹底反復を中心とした子どもを伸ばす実践を育てる
○「早寝早起き朝ご飯」など、子どもが学ぶ土台となる生活習慣の確立・改善に取り組む実践を育てる
○子どもを伸ばす実践を共有し、研鑽する
詳しい内容・最新情報は、徹底反復研究会のホームページへ
http://hanpuku.jp/

徹底反復研究会叢書①
こんなときどうする？
日々の指導に生かす「徹底反復」

2014年5月1日　第1刷発行

著　者／徹底反復研究会　中国支部
監　修／陰山英男
発行者／中村宏隆
発行所／株式会社　中村堂
　　　　〒104-0054 東京都中央区勝どき2-18-1
　　　　黎明スカイレジテル930号
　　　　Tel.03-6204-9415　Fax.03-6204-9416
　　　　ホームページアドレス　http://www.nakadoh.com

編集協力・デザイン／有限会社レディバード
印刷・製本／シナノ書籍印刷株式会社

◆定価はカバーに記載してあります。
◆乱丁・落丁の場合はお取り替えいたします。

ISBN978-4-907571-02-3